LA HISTORIA *del* MUNDO *en* 50 MENTIRAS

LA HISTORIA *del* MUNDO *en* 50 MENTIRAS

Natasha Tidd

CRÍTICA

Título original: *A SHORT HISTORY of the WORLD in 50 LIES*

Publicado por primera vez en Gran Bretaña en 2023 por
Michael O´Mara Books Limited
9 Lion Yard
Tremadoc Road
London SW47NQ

Traducido por: Citlali Valentina Bonilla García
Diseño de interiores: Víctor Santacruz Moreno
Créditos de portada: Patrick Knowles
Adaptación de portada: Planeta Arte & Diseño
Ilustración de portada: Patrick Knowles
Fotografía en la solapa: Cortesía de la autora

Bajo el sello editorial CRÍTICA M.R.
Avenida Presidente Masarik núm. 111,
Piso 2, Polanco V Sección, Miguel Hidalgo
C.P. 11560, Ciudad de México
www.planetadelibros.com.mx
www.paidos.com.mx

Primera edición en formato epub: febrero de 2024
ISBN: 978-607-569-606-5

Primera edición impresa en México: febrero de 2024
ISBN: 978-607-569-605-8

Impreso en los talleres de Impregráfica Digital, S.A. de C.V.
Av. Coyoacán 100-D, Valle Norte, Benito Juárez
Ciudad De Mexico, C.P. 03103
Impreso en México - *Printed in Mexico*

A Martín Tidd, mi papá, amigo y lector favorito. Gracias.
Empezamos esto juntos y lo terminamos separados.
Las palabras no son suficientes, pero he aquí algunas.

Índice

Parte iii. La Edad Moderna temprana

Parte iv. El siglo xix

Parte v. El siglo xx

Introducción

Si eres como yo, mientras crecías, tus padres te enseñaron a no decir mentiras. Esta es una lección más o menos universal: mentir es malo. Eso no quiere decir que no mintamos; de hecho, múltiples estudios han demostrado que mentir es inherente a la naturaleza humana, y ¿quién no ha dicho alguna mentirita blanca para proteger los sentimientos de alguien más o salir de algún problema? Aun así, seguimos diciéndoles a nuestros niños que no mientan y es por una buena razón. Incluso cuando hacemos a un lado la moral y la ética y nos enfocamos en lo práctico, con frecuencia, mentir es una costumbre dañina que tiende a salirse de control, provoca discrepancias y efectos dominó que son imposibles de subsanar. Si este es el efecto que la mentira puede tener en nuestras vidas como individuos, entonces puedes imaginarte el inmenso impacto que ha tenido en la historia.

La historia de las mentiras es irreversiblemente devastadora, y abarca el auge y la caída de ideologías, religiones e imperios. Este libro contiene solo cincuenta de esas mentiras, algunas relacionadas a través de los siglos, otras que parecen muy acotadas, pero cada una se extiende a lo largo del tiempo. Exploraremos la evolución del acto de mentir; comenzaremos en el Mundo Antiguo con los primeros días del arte del giro político y la simulación. Yéndonos a la Edad Media, empezaremos con la introducción a la tendencia de reescribir la historia para amoldarla a la narrativa del momento, junto con el uso de la literatura para impulsar motivaciones e ideologías falsas. Una vez que lleguemos a la Edad Moderna temprana, veremos cómo estos elementos básicos de la mentira, combinados con el aumento de las teorías de la conspiración y las falsificaciones generalizadas, comienzan a descontrolarse. Con la nueva tecnología del siglo XIX llega el incremento y desarrollo de las *fake news*, desde bromas divertidas hasta reportajes que cambiaron el mundo de manera catastrófica. Finalmente, en el siglo XX seremos testigos de la culminación de la evolución de la mentira, que incluye desde el enorme encubrimiento de las atrocidades de la colonia hasta la propaganda de guerra, además de una noticia falsa que contribuyó al asesinato de millones de personas.

A lo largo de los siguientes cincuenta capítulos recorreremos algunos de los eventos más oscuros en la historia de la humanidad. En ocasiones el trayecto podrá parecernos inevitablemente lúgubre, pero en medio de ese lodazal de mentiras siempre hay una luz. Porque cuando desentrañamos las mentiras de la historia, podemos lograr un mejor entendimiento no solo de ella en sí, sino de los legados del pasado. Este no es un libro que trate de descubrir la verdad, sino uno que desenmaraña la red de engaños que la encubrió y que investiga los motivos por los que se tejió.

Parte i

El Mundo Antiguo

El falso Bardia

En la historia antigua, una de las figuras más citadas y alabadas es Darío el Grande, el tercer rey de reyes de Aqueménida. Bajo su reinado, el Imperio persa aqueménida extendió sus raíces iraníes y llegó a abarcar el oriente de Asia, el Cáucaso, los Balcanes y partes de Asia central y Egipto. Su trabajo en la consolidación del poder y la riqueza del imperio, el mantenimiento de la tolerancia religiosa y la intercomunicación de las tierras que conquistó lo convierten en uno de los pocos gobernantes que se ganaron el sobrenombre de «el Grande». Pero esta historia contiene una gran mentira. Darío no fue el tercer rey de reyes: fue el cuarto. Y la manera en que se deshizo de ese tercer gobernante olvidado al borrar sus derechos de la memoria histórica nos dice muchísimo sobre quién era realmente Darío.

La formación del Imperio persa aqueménida comenzó en el 550 a.C. y se basó en el éxito de Ciro el Grande, quien durante sus casi treinta años de reinado (entre el 559 y el 530 a.C.) logró conquistar Medes, Lidia y el Imperio neobabilonio. Para continuar su marcha hacia el poder del incipiente imperio, Ciro tenía dos herederos para elegir: sus hijos

Cambises y Bardia. Posiblemente este último era el más capaz para gobernar, pues Cambises era conocido por ser demasiado inestable, pero era el mayor, y por ello, cuando Ciro murió en el 530 a.C., fue quien subió al poder como Cambises II. En un inicio las cosas fueron bien, y aunque mostró ciertas tendencias despóticas, los primeros años de su reinado transcurrieron sin incidentes. Esto cambió cuando comenzó a prepararse para invadir Egipto. Cambises dijo haber tenido varios sueños proféticos en los que Bardia le quitaba el control de su imperio. En lugar de desecharlos como sueños o de investigar si había algo de válido en ellos, Cambises tiró la cautela por la borda y, en secreto, ordenó el asesinato de su hermano y su correspondiente encubrimiento. Una vez consumado el crimen, pareció recuperar el control y partió a conquistar Egipto.

Pero matar a tu hermano por lo general trae consecuencias. En el caso de Cambises, estas llegaron cuando murió en julio del 522 a.C. sin ningún heredero directo que tomara su lugar. Con el papel de gobernante en juego, apareció un candidato muy inusual: Bardia. Claro que no se trataba del Bardia verdadero, sino de un impostor en la forma de un mago llamado Gaumata, quien, a principios del 522 a.C. había comenzado a suplantarlo. Mientras Cambises estaba en Egipto, el falso Bardia estaba en Persia reuniendo apoyo en contra de su «hermano» y lideró una fugaz rebelión que terminó cuando Cambises murió y el usurpador Bardia fue coronado rey de reyes. Para los cercanos a Cambises II, esto fue una injusticia insoportable, pues sabían que el verdadero Bardia había sido asesinado en secreto; este nuevo rey no tenía derecho a gobernar y podría poner en peligro el imperio entero. Darío, el portador de la lanza de Cambises, lideró un grupo de hombres para emboscar y asesinar a Gaumata. Con la muerte del falso rey, Darío había salvado el Imperio aqueménida y fue coronado como el nuevo gobernante, Darío el Grande.

Este es el recuento de los sucesos de acuerdo con Darío, y pueden encontrarse en la inscripción de Behistún, un enorme testimonio de su ascenso al poder tallado en la montaña Behistún en la zona oeste de Irán, que él mismo mandó grabar entre el 522 y el 486 a.C. Sin embargo, y curiosamente porque se trata de un golpe de Estado, solo hay dos fuentes principales de evidencia que respaldan los alegatos de Darío: la inscripción de Behistún y el historiador griego Herodoto, quien incluyó el cuento del falso Bardia en su *Historia* (430 a.C.). Gran parte del recuento del historiador proviene directamente de la inscripción de Behistún y el resto son adornos que no tienen fundamento histórico. En su versión, Gaumata es reemplazado por dos hermanos llamados Patizeithes y Esmerdis. Patizeithes es una especie de titiritero que logra que Esmerdis sea rey a base de mentiras. El engaño fracasa cuando se descubre que, a diferencia del verdadero Bardia, Esmerdis no tiene orejas.

DE LA MENTIRA A LA LEYENDA

La inscripción de Behistún está acompañada por un enorme bajorrelieve que muestra a Darío el Grande levantando la mirada hacia el símbolo del farohar, que representa su divinidad y derecho. Con el pie aplasta una figura que se supone es Gaumata, con lo que demuestra que ningún usurpador puede quitarle el gobierno a un verdadero rey.

La inclusión de los hermanos por parte de Herodoto y la subsecuente investigación de oídas hace que su versión sea un tanto disparatada. Sin embargo, el recuento de Darío el Grande tampoco está exento de fallas evidentes. Los historiadores han estudiado cuidadosamente estos huecos en la lógica: si Cambises en realidad mató en secreto a su hermano en el 525 a. C., ¿cómo es que nadie se dio cuenta de la ausencia de Bardia?, ¿cómo fue que Gaumata supo de su muerte y usurpó su lugar? En ese tiempo habría sido casi imposible ocultar el asesinato de un príncipe imperial. Con la campaña egipcia tan cerca, los miembros de la familia real estaban obligados a participar, lo que habría significado que la ausencia de Bardia se habría sabido y registrado. El único motivo por el que podría no haber participado es que estuviera como regente en otro lado, en cuyo caso, una vez más, su repentina desaparición estaría asentada en los registros. De manera similar, también aparecería en los registros si Bardia hubiera sido asesinado en secreto y repentinamente hubiera resurgido tres años después como Gaumata. Bardia era hijo de Ciro y hermano de Cambises, es decir, una figura bien conocida cuyos movimientos habrían sido rastreados.

Entonces, ¿qué le pasó realmente a Bardia? La respuesta más plausible es sorprendentemente sencilla: no hubo un Bardia falso. No fue asesinado en el 525 a.C., sino que estaba en Persia fungiendo como regente mientras su hermano peleaba en Egipto. En los documentos babilonios podemos ver que en el 522 a.C. Bardia parece haber comenzado una campaña contra su hermano, y en la primavera de ese año había sido nombrado «rey de Babilonia, rey de tierras», varios meses antes de la muerte de Cambises y su ascenso oficial al trono. En cuanto a los motivos por los que Darío el Grande inventó la historia del falso Bardia, tenemos otra respuesta sencilla: para ganar poder. Al igual que Cambises, no tenía herederos, por lo que si moría, el gobierno del Imperio aqueménida quedaría en el aire. Y vaya que Darío aprovechó esta situación al matarlo y crear el mito del falso Bardia para consolidarse como el salvador del imperio y asegurar su lugar a la cabeza.

A pesar de esta probablemente deshonesta forma de llegar a la cima, Darío el Grande llegó a ser conocido como uno de los mejores gobernantes del Imperio aqueménida durante el apogeo geográfico y cultural de este. Sin embargo, esto no duraría mucho. El heredero y sucesor de Darío, Jerjes, no poseía tanta habilidad en el arte de la mentira como su padre, una característica que finalmente contribuiría a la caída de un imperio.

Temístocles y el mensaje a Jerjes

Cuando Jerjes I llegó al poder después de la muerte de su padre Darío el Grande, en el 486 a.C., el Imperio persa aqueménida estaba en la cima. Sin embargo, con un terreno tan vasto, las rebeliones eran frecuentes. Tan pronto como subió al trono, Jerjes se dirigió a Egipto para aplacar una revuelta, a la que siguieron otros dos levantamientos en Babilonia en el 484 a. C. Jerjes manejó estas situaciones exitosamente y esto lo consolidó no solo como un gobernante capaz, aunque en ocasiones despiadado, sino que también le dio el respaldo de un gran poderío militar.

Entonces, no es de sorprender que a los pocos años de su reinado decidiera hacer algo que su padre había soñado pero que nunca pudo lograr: conquistar Grecia.

No era una tarea fácil. La primera invasión de Darío el Grande, en el 492 a.C., terminó dos años después con una estrepitosa derrota. Con la esperanza de no cometer los mismos errores, Jerjes invirtió considerablemente no solo en sus fuerzas militares, sino en la construcción de puentes y canales que les permitieran a sus soldados y barcos un mejor acceso a Grecia. Para el 481 a.C., Jerjes ya estaba listo y reunió a las tropas de todo el Imperio persa aqueménida para la invasión. En respuesta, los estados griegos formaron un frente unido en contra de los invasores, liderado por fuerzas de Atenas y Esparta, pero los preparativos de Jerjes probaron ser una fórmula ganadora, y para el 480 a.C. sus fuerzas avanzaban más allá de la costa griega. Ciudad tras ciudad fueron cayendo ante el mejor ejército que Grecia había enfrentado hasta el momento, y casi a finales del verano ambos bandos tendrían su primera gran batalla en las Termópilas. Siete mil soldados griegos junto con trescientos espartanos en sus filas formaron una barrera en el estrecho paso: tenían una gran desventaja numérica, pero la tierra en la que se atrincheraron no permitiría que Jerjes desatara toda su fuerza. Durante dos días, ambos ejércitos se despedazaron; cada unidad que Jerjes enviaba al paso regresaba derrotada. Finalmente, movió sus tropas para flanquear a los griegos. Conforme avanzaban, muchos soldados griegos desertaron y dejaron atrás a los espartanos restantes y a cientos de hombres de la división de Tespia para enfrentar una misión suicida al tratar de contener a las fuerzas persas el mayor tiempo posible.

Jerjes se volvió imparable después de las Termópilas. Sus fuerzas conquistaron rápidamente más tierras e incendiaban las ciudades que oponían resistencia como advertencia a las demás. Conquistó Grecia al final del verano del 480 a.C. y ordenó su destrucción inmediata.

Se encontraba bien encaminado para apoderarse de gran parte de la Grecia continental, pero para asegurar la victoria, todavía necesitaba vencer a la armada griega que se encontraba estacionada entre las costas de la isla de Salamina y de Atenas, separadas únicamente por el golfo Sarónico. Las fuerzas griegas se vieron rebasadas una vez más y parecía inminente otra victoria decisiva para Jerjes. Sin embargo, Grecia tenía un as bajo la manga: el general y político ateniense Temístocles.

¡ESTO ES ESPARTA!

La batalla de las Termópilas dio inicio al mito de los 300, impulsado en gran medida por la adoración que sentía Herodoto por el líder espartano Leónidas y sus hombres, a quienes consideraba valientes máquinas de combate que se mantuvieron firmes en busca de la gloria inmortal. Como resultado, se consolidó la leyenda popular de que las tropas espartanas peleaban para ganar o morir.

Mientras muchos líderes griegos insistían en abandonar la posición en Salamina, pues después de todo la derrota era inevitable, Temístocles peleaba por quedarse. Las aguas frente a Salamina eran estrechas y creía que sus naves podrían sacar ventaja de ello al utilizar su flota (que era más pequeña) para emboscar a los enormes barcos de Jerjes en los estrechos de Salamina. Era una estrategia arriesgada; ya antes había empleado una táctica similar en las Termópilas y había terminado en derrota. Sin embargo, Temístocles sabía algo más. Jerjes tenía ojos y oídos dentro del campamento griego, y para esas alturas ya se habría enterado de su estrategia, así que le tendió una trampa.

Mandó un emisario con un mensaje para Jerjes: Temístocles y sus fuerzas atenienses habían sido traicionados por otro contingente griego y querían unirse a él. Para contribuir a que cayera en la mentira, Temístocles añadió que debería atacar en ese momento, mientras los otros barcos griegos se preparaban para huir, y los atenienses lo ayudarían en la pelea. Jerjes creyó la mentira de cabo a rabo.

Las embarcaciones persas entraron en el estrecho de Salamina y al principio se creyó que Temístocles cumpliría su palabra. Conforme iban avanzando, parecía que varios barcos griegos intentaban huir, pero solo era un ardid para hacer que las fuerzas de Jerjes se adentraran más en las aguas estrechas. Los griegos rodearon a los persas y entonces atacaron. Fue una derrota brutal y un punto de inflexión para los planes de invasión de Jerjes. Con una gran parte de su armada destruida decidió retirarse, se llevó a sus tropas de regreso a su imperio y dejó un pequeño contingente para que siguiera peleando contra Grecia. Este grupo fue derrotado en el 479 a.C.

Como si el hecho de perder ante un ejército más pequeño no fuera suficiente motivo de vergüenza para Jerjes, luego de la victoria, Grecia comenzó a recuperar los territorios griegos de los que se habían apropiado los aqueménidas. Alrededor del 466 a.C., Jerjes volvió a intentar posicionarse en Grecia, pero también fracasó. Había comenzado su reinado como un gobernante militar fuerte, pero hacia sus últimos años, sus tropiezos empezaron a mostrar las debilidades de su imperio y esto sería fatal. En el año 465 a.C. fue asesinado producto de un complot misterioso para tomar el trono —irónicamente muy parecido al de Darío el Grande—. El Imperio aqueménida nunca volvió a ser tan poderoso como lo fue durante el auge de Jerjes y finalmente caería en el año 330 a.C. ante el ejército de Alejandro Magno.

Julio César y la invención del giro político

En los siglos posteriores a la caída del Imperio persa aqueménida, fue surgiendo otro superpoder global: la República romana, y en el año 58 a. C., uno de sus personajes más conocidos históricamente estaba destinado a ser el cerebro detrás un invento muy moderno: el giro político.

Antes de ser conocido como uno de los grandes hombres de estado del imperio, y mucho antes del Idus de marzo,* Julio César parecía estar ahogándose en un mar interminable de deudas; tan solo en el 61 a. C. había recibido de Craso, uno de los hombres más ricos de la República, un gran préstamo sin precedentes, pero como ya tenía deudas, no contaba con medios para pagarlo. Ascender la escalera del poder político de la República romana era algo oneroso, pues cada peldaño costaba una fortuna, y un político no solo enfrentaba la bancarrota si no pagaba los sobornos y a sus acreedores, sino que quedaba excluido formalmente de la vida política. Tal era el destino que le aguardaba a Julio César. Acababa de terminar su cargo como cónsul en el año 59 a. C., el papel magisterial más alto, y lo habían premiado con un proconsulado de cinco años, cargo que incluía operaciones en dos áreas de Galia controladas por Roma, pero si no arreglaba pronto el asunto de sus deudas lo perdería todo.

Pero César pensó que podría encontrar el boleto que lo mantendría fuera de la cárcel en Galia. Esta era una inmensa extensión de Europa Occidental, que abarcaba los territorios actuales de Francia, Luxemburgo y Bélgica, así como partes de Alemania, Suiza, Italia y los Países Bajos. La mayor parte de Galia era independiente y la gobernaban naciones y tribus; sin embargo, César esperaba cambiar esto: empezar una

* En el calendario romano, los Idus eran los días 15 de marzo, mayo, julio y octubre y eran considerados días de buena suerte. Durante el resto del año, correspondían a los días 13 (*n. de la t.*).

guerra con parte de la Galia le ayudaría a salir de sus deudas. La Galia estaba llena de gente rica lista para ser saqueada y el floreciente comercio de esclavos de Roma siempre andaba en la búsqueda de prisioneros de guerra. Lo único que César necesitaba era encontrar un motivo para atacar, y una alianza de tribus galas parecía poder proporcionarle dicho motivo: los helvecios.

Los helvecios ocupaban gran parte de la meseta suiza de la Galia y en el año 58 a.C. le pidieron permiso a César para atravesar los territorios controlados por Roma para emigrar al oeste. César se negó con la esperanza de que los helvecios invadieran sus tierras, dándole así el motivo para comenzar una batalla, pero ellos optaron por una vía pacífica y buscaron otra ruta. César no iba a permitir que la oportunidad se le fuera de las manos, así que reunió a sus legiones para seguirlos y emboscarlos cuando intentaban cruzar el río Saona. La batalla casi acabó con la tribu de los helvecios. Le siguieron varias refriegas sangrientas hasta que los helvecios fueron derrotados y regresaron a su tierra para servir como barrera entre Roma y las partes más hostiles de la Galia, en particular las tribus germánicas más peligrosas. Un César sustancialmente más rico había encontrado la fórmula ganadora: ir a la guerra, saldar deudas, ganar poder. Y así dio inicio la guerra de las Galias.

Sin embargo, el plan de César tenía una gran falla. Necesitaba mantener su imagen para seguir subiendo los peldaños dentro de la República romana, e ir a la guerra como medida de emergencia por sus deudas no causaba una buena impresión. Le tuvo que dar a la República una versión diferente que hiciera parecer que sus acciones eran beneficiosas no solo para él, sino para todos los romanos. Entonces decidió publicar su propia versión de los hechos en una serie de reportes llamados *Commentarii de Bello Gallico* (*Comentarios sobre la guerra de las Galias*). En ellos, César explicó que había tenido que perseguir a los helvecios porque estos planeaban emigrar cerca de una provincia romana y que por ello eran una amenaza para todos los romanos (y sí, de hecho los helvecios iban a migrar a 320 km de esa área). En cuanto a la masacre de los tigurinos, César la atribuyó a una intervención divina, pues los tigurinos habían jugado un pequeño papel en la muerte de un ancestro de una de las esposas de César cincuenta años atrás, en el 107 a.C. Este es, quizá, el ejemplo más notable y antiguo del giro político, pues tuerce la verdad para justificar los medios.

César utilizó su recién encontrada maquinaria de propaganda a lo largo de la guerra de las Galias para transformar las atrocidades bélicas en acciones justas y legítimas. En el 57 a.C., la venta como esclavos de 53 000 miembros de la tribu de los nervios con base en Bélgica se adjudica no a la avaricia, sino a la conspiración enemiga y al rompimiento de juramentos. El saqueo de las villas de los eburones en el 53 a.C. es citado como una medida necesaria para que César pudiera capturar a un líder rebelde, y cuando no lo encontró, no tuvo otra opción que incendiar sus casas y cosechas en el 51 a.C., obligándolos a morir de hambre. Declaró que mientras permanecieran con vida nunca le «permitirían regresar». Tal vez el giro más estrafalario proviene de la masacre de civiles de las naciones germánicas de los usípetes y los téncteros cometida en el 55 a.C., alegando que muchos no fueron asesinados por las fuerzas de César, sino que habían llevado a cabo un suicidio colectivo al perder «toda esperanza de escapar».

CONQUISTANDO LA GALIA

La guerra de las Galias sería crucial en términos del ascenso de César a dictador de Roma. Cuando la guerra llegó a su fin en el 50 a. C., César ya había conquistado toda la Galia y parte de Bretaña, con lo que se volvió más rico de lo que había podido imaginarse y dio inicio a lo que se volverían cinco siglos de dominio de Roma sobre Galia.

Curiosamente, el giro de César se tomó como un hecho, no solo por la República y después el Imperio romano, sino también por la historia. Sí, *Comentarios sobre la guerra de las Galias* fue reconocido como uno de los reportes de guerra más grandiosos de todos los tiempos hasta mediados del siglo xx. Fueron los números y no las dudosas justificaciones los que alertaron a los historiadores sobre sus mentiras. En los *Comentarios*, César alega haber conquistado grandes ejércitos; por ejemplo, declaró que los usípetes y los téncteros habían sido 430 000 efectivos y que al derrotarlos no había muerto ni un soldado romano. Haciendo a un lado la poco probable ausencia de bajas romanas, al comparar las estadísticas de César con las que se hallaron en las búsquedas actuales sobre esa época, es evidente que en esos tiempos hubiera sido imposible que los usípetes y los téncteros tuvieran un ejército de ese tamaño y que César exageró la magnitud de su enemigo en un calculado intento de impulsar su reputación. La investigación de las figuras militares abrió las compuertas y pronto se pusieron bajo investigación histórica todos los aspectos de las declaraciones de César.

Se necesitaron poco más de dos mil años para que la astuta red de mentiras de Julio César se desenmarañara, y en la actualidad, *Comentarios sobre la guerra de las Galias* se considera no un relato histórico, sino uno de los ejemplos más antiguos del giro político y los peligros que conlleva.

Las Filípicas *de Cicerón*

Lo vanguardista del giro político de Julio César no terminó con él. De hecho, su asesinato abriría la puerta para que otro hombre de estado romano, Cicerón, llevara sus métodos un paso más allá y borrara las líneas entre propaganda y giro político para dar paso al incidente más antiguo de las *fake news*.

El 15 de marzo del 44 a.C., Julio César acababa de ser nombrado «dictador vitalicio» y disfrutaba el hecho de estar en la cima de su tiranía sobre la República romana cuando fue rodeado por un grupo de senadores rivales. Cada uno sostenía un cuchillo y, bajo la creencia de que ningún hombre debía tener poder absoluto y que, si se daba el caso, definitivamente esa persona no debía ser Julio César, le soltaron una andanada de puñaladas mortales. Estos hombres se veían a sí mismos como libertadores que estaban salvando al pueblo de un déspota. Sin embargo, el pueblo no sentía lo mismo. Julio César había disfrutado de una popularidad increíble entre las clases media y baja que vieron su muerte como un intento desesperado de una minoría por ganar el poder. Tanto las luchas internas como la anarquía estallaron y en medio de todo ello se encontraba Cicerón. Él no había estado involucrado en el complot para matar a Julio César, pero lo alegró enterarse de la muerte del dictador. Cicerón esperaba aprovechar la situación como una oportunidad de voltear las cosas para regresar la República al estado político que había tenido antes del gobierno de Julio César, pero para lograrlo, necesitaba estar de acuerdo con su sucesor.

Dos personas competían por ese puesto: Marco Antonio, la mano derecha de Julio César, y Octavio, su sobrino nieto. De hecho, Julio César había nombrado a este último su sucesor en su testamento; sin embargo, el joven tenía apenas 18 años y era relativamente inexperto. En cambio, Marco Antonio se había ganado el apoyo del pueblo después de la muerte de Julio César y era considerado el heredero y líder *de facto* de su facción. No había forma de que Marco Antonio estuviera de acuerdo con los planes de Cicerón para regresar la República al pasado, por lo que se propuso el objetivo de vencer a Octavio. Los cómplices de Cicerón le advirtieron claramente la situación: Octavio posiblemente era inexperto, pero era conocido por ser muy astuto y despiadado, capaz de pasar de amigo a enemigo si eso servía a sus intereses. No obstante, Cicerón descartó sus protestas; después de todo, Octavio era un niño y Cicerón podría fácilmente ser más astuto para convertirlo en el monarca maleable y temporal que necesitaba. Una vez listo su títere, lo único que necesitaría sería eliminar a Marco Antonio.

Para impulsar sus planes, Cicerón comenzó una serie de discursos y panfletos conocidos como *Filípicas*. La idea era utilizarlos para acabar con el personaje de Marco Antonio tomando una página del libro de Julio César para torcer la verdad y hacerlo parecer como un tirano en ciernes. El 2 de septiembre del año 44 a.C., entregó al Senado la *Primera Filípica*; comenzó llamándolo de manera cariñosa «mi querido amigo» antes de lanzarse en un ataque sigiloso pero pasivo-agresivo de su personalidad: Marco Antonio no era apto para gobernar, eliminaría las «buenas» leyes de Julio César y destruiría la República. Para enfatizar su supuesto terror por el daño que Marco Antonio podría infligir como gobernante, Cicerón recitó el poema de Acio *Que nos odien mientras nos teman*, pues, dijo, ese sería el mandato de su gobierno. Como era de esperar, Marco Antonio no reaccionó bien y el 19 de septiembre reunió al Senado y, molesto, le respondió a Cicerón, acusándolo falsamente de ser el cerebro detrás del asesinato de Julio César. Cicerón enfureció e, incapaz de controlar su ira, se olvidó de su plan original de usar las *Filípicas* discretamente y se embarcó en una campaña difamatoria sin cuartel.

La *Segunda Filípica* es, con mucho, la más larga y explosiva de las 14 entregas, una diatriba sin igual: «¡Oh, cuán intolerable es su insolencia, su libertinaje, su lujuria!». Los alegatos mordaces de Cicerón iban desde que Marco Antonio apestaba a vómito por sus fiestas de tres días hasta robo, violencia y declaraciones de que era un antiguo trabajador sexual. La mayoría de estas historias tenían pocos o ningún hecho que las respaldara, pero aun así resultaron un escándalo que afectó la reputación de Marco Antonio y, dos mil años después, sigue considerándosele como un mujeriego insensato.

La estrategia instigadora de las *Filípicas* de Cicerón continuó hasta la primavera del 43 a.C. En abril, el Senado estuvo de acuerdo con él y sus falsos alegatos y anunció que Marco Antonio era enemigo del Estado. Octavio lideró las fuerzas del Senado en una batalla contra Marco Antonio y derrocaron con destreza al sucesor de Julio César. Victorioso, Cicerón dio un discurso jubiloso al pueblo romano: su plan había triunfado y se restauraría la República. Sin embargo, había olvidado algo: las advertencias de que no se podía confiar en Octavio. Mientras que Cicerón celebraba, Octavio y Marco Antonio habían formado una alianza.

Junto con Marco Emilio Lépido, un antiguo aliado de Julio César, Octavio y Marco Antonio formaron el Segundo Triunvirato, una dictadura militar dividida entre los tres. Conforme fue ganando poder, el trío comenzó a elaborar una proscripción, esto es, una lista de los condenados a muerte de manera inmediata. Por supuesto, Marco Antonio se aseguró de que el nombre de Cicerón estuviera ahí. En diciembre del año 43 a.C., Cicerón fue decapitado y, en un siniestro acto de venganza, Marco Antonio ordenó que se mostrara en el foro romano no solo su cabeza, sino también la mano con la que escribía. La pluma no era rival para su espada.

CALUMNIAS ASTUTAS

Las *Filípicas* cambiaron la forma en la que la historia ha visto a Marco Antonio, pero no fue la única difamación que sufrió en su época. La alianza entre Octavio y Marco Antonio no duró y, cuando terminó, Octavio comenzó una campaña de propaganda en contra de su antiguo aliado. Debido a ella es que conocemos las historias de que Marco Antonio hizo a un lado sus costumbres romanas al caer bajo el embrujo de la reina egipcia Cleopatra.

Arminio y la batalla del bosque de Teutoburgo

Después de la caída de Cicerón llegó la muerte de la República romana. El Segundo Triunvirato se mantuvo en el poder poco más de una década, pero para el 30 a.C., Octavio era el único de la triada que quedaba, pues había exiliado a Lépido y había derrotado a Marco Antonio en una guerra civil. Como único gobernante, comenzó a desbaratar las raíces democráticas de la República y sentó las bases para una autoridad imperial centralizada en su propia figura. En el 27 a.C. se cambió el nombre a Augusto y se convirtió, en la práctica, en el primer emperador romano. La República ha muerto, viva el Imperio romano.

Lo primero en los planes del emperador Augusto era expandir su nuevo imperio. Esto debería haber sido una tarea sencilla, después de todo, había heredado bastante. Después de la guerra de las Galias, gran parte del territorio galo permanecía bajo el dominio romano; sin embargo, Germania fue un dolor de cabeza para Augusto, igual que lo había sido para su tío abuelo. Las tribus germánicas, que ocupaban parte del territorio de las actuales Alemania, Polonia, República Checa, República Eslovaca y Hungría, parecían invencibles, pues seguían luchando sin importar las circunstancias. Las tribus de los usípetes y los téncteros, que habían sufrido pérdidas catastróficas en el 55 a.C. ante Julio César, regresaron a la lucha en el 17 o 16 a.C. y derrotaron a la quinta legión romana en la batalla. Dicha pérdida fue tan despiadada y vergonzosa para el imperio que se llegó a conocer como la *clades Lolliana* (el desastre de Lolio). Augusto se negó a dejar así las cosas. Quería la tierra de las tribus germánicas para su imperio y la conseguiría con fuerza bruta, así que se lanzó a una serie de campañas en contra de Germania en el 12 a.C.

Nacido alrededor del 16 a.C., Arminio fue una de las primeras víctimas de las maquinaciones de Augusto. Hijo del jefe de la tribu de los queruscos del noroeste de Germania, de niño lo utilizaron como mensajero en las negociaciones de paz con Roma y lo tomaron como rehén. Aunque creció como prisionero del imperio, le permitieron tener educación, aprendió a hablar latín, se unió al ejército romano e incluso le dieron el título de caballero. Mientras tanto, en su tierra natal, las campañas de Augusto habían tenido un éxito impactante. Las tribus germánicas no habían podido contener el poderío del ejército romano y para el 7 d.C. ya formaban parte del imperio. Para asegurarse de que las cosas siguieran igual, Augusto llevó a uno de los líderes romanos más despiadados para que se hiciera cargo de las nuevas tierras romanas. El general y político Publio Quintilio Varo era conocido por su crueldad y brutalidad. Durante su cargo como gobernador de Siria había extinguido varias crisis con una mezcla de fuerza mortal y miedo, una táctica que planeaba utilizar con el pueblo germánico. Aun así, no era una tarea que pudiera llevar a cabo sin ayuda local, ¿y quién mejor que Arminio? Sí, Arminio había nacido dentro de las tribus que Varo intentaba dominar, pero era considerado por los romanos como «uno de los suyos»; por lo tanto, su conocimiento privilegiado y lealtad hacia Roma serían la clave para el éxito de Varo.

La confianza en Arminio estaba completamente equivocada: nunca estuvo del lado de los romanos, solo había estado esperando el momento oportuno. Cuando Varo creyó que Arminio estaba viajando hacia las tribus buscando apoyo para Roma, en realidad había estado ganando su favor y planeando una insurrección. Le llevó casi dos años de traiciones, pero para septiembre del 9 d. C. había unido varias tribus, incluyendo su propio pueblo, los queruscos, y estaba listo para pelear. Sin embargo, las fuerzas de Varo estaban bien entrenadas, bien equipadas y eran fuertes. Si Arminio quería tener la más mínima oportunidad de ganar, necesitaría planear cuidadosamente su ataque.

Varo creía que él y el ejército romano serían invencibles ante cualquier jugada de Arminio y que este nunca regresaría a lo que él veía como una bola de bárbaros inferiores; esta fe ciega en su fuerza y su hombre en el campo de batalla sería su perdición. Arminio sabía que el ejército romano debía pasar por un área cerca de los estrechos pantanos del bosque de Teutoburgo. Ahí le tendería una trampa: desviaría a Varo y a sus hombres del camino principal prometiéndoles un atajo. Una vez que estuvieran en el denso bosque, los atacarían las tribus germánicas, pues los romanos no conocían el área y no podrían utilizar sus formaciones de ataque habituales. Era la única oportunidad de vencerlos. Pero, justo cuando el plan estaba listo para ser ejecutado, casi sucedió un desastre. Arminio fue traicionado por un hombre querusco, Segestes, quien advirtió a Varo que el primero estaba conspirando en su contra. Aun así, Varo confiaba tanto en Arminio que ignoró la advertencia, y cuando este le presentó el atajo por el bosque de Teutoburgo, lo aceptó sin problemas, y tanto él como sus hombres marcharon hacia la muerte.

La batalla fue sangrienta: las tribus rodearon a los romanos y los atraparon en el denso bosque. No tuvieron espacio para hacer sus formaciones y no estaban habituados al espeso lodo en el que se hundían. Al darse cuenta de que la derrota era inminente, Varo se suicidó y pronto lo imitó la mayoría de sus comandantes, dejando a las tropas sin líderes y presas del miedo. Solo logró escapar un puñado de sobrevivientes, y cuando las noticias de la masacre que acababa de ocurrir llegaron a Roma, impresionaron a la población, ya que una derrota de tal magnitud era imposible. Los romanos se habían sobreestimado notablemente y, a su vez, habían subestimado a los que consideraban bárbaros atrasados.

FUERZA UNIFICADORA

Arminio se convirtió en el primer héroe nacional de los germanos. Su relato estuvo perdido en la historia hasta que fue redescubierto en los archivos durante el siglo xv. Rápidamente ganó fuerza como símbolo de un pueblo germano unificado y se convirtió en una especie de emblema nacional durante las guerras Napoleónicas.

Si Augusto pensaba que el desastre de Lolio fue malo, este no había sido nada en comparación con lo que acababa de lograr Arminio. La batalla del bosque de Teutoburgo fue una de las pérdidas más devastadoras hasta esa fecha, pues acabó con cerca del 10 % del ejército imperial y expulsó al imperio de sus tierras. Los historiadores clásicos romanos como Suetonio declararon que dicha pérdida destruyó casi por completo la fe en el floreciente imperio y que dañó emocionalmente a Augusto, de quien se dice que al escuchar las noticias, comenzó desesperado a golpearse la cabeza contra las paredes del palacio reclamando a gritos a sus legiones perdidas.

La historia secreta

En el siglo III d.C. el Imperio romano comenzó a tener serios problemas. Construido sobre la base de su poderío militar y expansión territorial, gran parte de su sistema económico dependía de la continuidad de este éxito: su riqueza provenía de los saqueos de las tierras conquistadas y del trabajo gratuito (cortesía de los prisioneros de guerra y de la esclavitud). Entonces, una vez que el imperio dejó de expandirse y comenzó a sufrir grandes pérdidas militares, no solo se vio afectada su posición como potencia global, sino también su balance financiero. Además, la corrupción en el gobierno y el crecimiento del cristianismo estaban socavando la influencia de los emperadores romanos sobre su pueblo; el Imperio romano estaba destinado a caer, cuando menos la parte occidental. En el año 330, el emperador Constantino el Grande cambió la sede del imperio a Bizancio, haciendo una «nueva Roma» de su capital, Constantinopla. Cuando la parte occidental del Imperio romano cayó en el 476, florecía su contraparte de oriente, comúnmente conocida como Imperio bizantino.

En el centro de este poder emergente estaba Procopio de Cesarea, un viejo erudito e historiador nacido en el año 500. Fue su trabajo escribir la crónica del reinado del primer «gran» gobernante de Bizancio, el convenientemente llamado Justiniano I el Grande. Llegó al poder en el 527 y en ocasiones su reinado fue difícil, algo que tal vez se resume muy bien con los disturbios de Niká, acaecidos en el año 532, una revuelta en contra de Justiniano que, aunque se logró sofocar, tuvo como resultado que la mitad de Constantinopla quedara en ruinas, además de la masacre de miles de rebeldes. Intransigente y ambicioso, gran parte de su reinado estuvo marcado por la expansión del imperio y la reconquista de los territorios que ya no estaban dentro del control imperial; entre los objetivos estaban Persia, el norte de África e Italia. Su mano derecha era su esposa y emperatriz Teodora, quien en un inicio se destacó por su origen humilde, pero después fue reconocida por su papel activo como parte de los consejeros principales de Justiniano. Procopio observaba todo desde la periferia, ya que era una presencia constante en la corte de Justiniano, un testigo de los disturbios de Niká y compañero de numerosas campañas militares de Belisario, el general favorito de Justiniano.

Todo lo que Procopio vio se encuentra resumido en dos de sus tres libros: *Historia de las guerras* y *Los edificios*, que se convertirían en las crónicas más conocidas del reinado de Justiniano I el Grande y, como fueron escritas bajo su escrutinio, no es de sorprender que ofrezcan una visión halagadora. Justiniano y Teodora son gobernantes devotos y justos y, siguiendo el ejemplo de los *Comentarios* de Julio César, las acciones de Justiniano casi siempre están justificadas, incluso cuando terminaron en trágicos derramamientos de sangre. Procopio había grabado en piedra la historia de Justiniano y sus escritos permanecieron como hechos indiscutibles hasta principios del siglo xvii, cuando se encontró un misterioso manuscrito en los anales de la biblioteca vaticana. Al traducir el documento del griego al latín, el anticuario Niccolò Alamanni descubrió que no era un documento común y corriente que se hubiera archivado mal por accidente; era un tercer libro (desconocido hasta ese momento) de Procopio intitulado *Historia secreta*.

Sería una sutileza decir que nadie anticipó la polémica que desataría el contenido del libro. *Historia secreta* puso de cabeza lo que los historiadores creían saber sobre el reinado de Justiniano, pues Procopio comenzó el libro explicando que gran parte de lo que había escrito hasta ese momento había sido mentira: «Me forzaron a esconder los motivos reales de muchos de los sucesos relatados en mis primeros libros.

Es ahora mi deber, en esta parte de mi historia, decir lo que hasta el momento no se ha dicho, declarar los motivos reales y el origen de las acciones que ya relaté». Adulterio, abortos, hijos secretos, asesinato, corrupción y engaño, todo ello interpretado por los protagonistas de este recuento.

Uno de los objetivos principales es Teodora, quien Procopio declara, fue una trabajadora sexual. De hecho, hace un recuento tan detallado de los rumores de su vida amorosa que para la edición de 1623 de *Historia secreta* se omitieron esos pasajes. Como pareja, Justiniano y Teodora son comparados con demonios: «azotes de la humanidad que se unieron para ver de qué forma podían destruir más rápido y fácilmente la raza y las obras del hombre». Incluso sugiere que tal vez sí hayan sido demonios, y que había divinidades luchando en contra de su reinado impío desatando plagas y desastres naturales sobre el imperio. Como es de esperar, no se limita en la crítica a las campañas de reconquista, pues declara que, por lo que pudo atestiguar, el emperador fue responsable de la muerte de millones; solo en Mauritania se «exterminaron» cinco millones de personas.

Investigaciones hechas sobre el libro mismo han encontrado que es casi seguro que el autor fuera Procopio; sin embargo, todavía es materia de debate cuánto de lo que escribió es cierto. Por supuesto, Justiniano y Teodora no fueron demonios disfrazados de humanos que tramaban destruir el mundo; sin embargo, fuera de ese tipo de declaraciones sin sentido y una vez que nos despojamos de los prejuicios de Procopio, hay mucho de verdad. Por ejemplo, ¿en realidad fue Teodora una trabajadora sexual? La evidencia sugiere que sí. Teodora trabajó en el teatro desde pequeña, donde muchas actrices también se dedicaban al trabajo sexual y el tráfico forzado de jóvenes como ella era predominante. Procopio toma esto como la razón principal de la naturaleza malvada de Teodora y de su depravación sexual. Sin embargo, al estudiar a los contemporáneos de

Procopio, vemos que deliberadamente no incluye detalles clave que de alguna forma podrían socavar la imagen que hace de Teodora, en especial que una vez que estuvo en el poder, se dedicó a mejorar los derechos de la mujer, lo que incluyó trabajar para ayudar a prevenir el tráfico forzado de niñas como esclavas sexuales. En cuanto a las declaraciones de que las campañas de Justiniano fueron mucho más sangrientas de lo que relató en un principio, es casi seguro que sea cierto. No obstante, es probable que el enorme número de bajas que cita solo sea una conjetura.

La *Historia secreta* es la versión de la verdad según Procopio y de la misma forma que nos pasa cuando recordamos nuestra historia, hasta cierto punto es ficción, pues mezclamos rumores con lo que presenciamos, y prejuicios personales con los hechos. Tal vez lo mejor que puede hacerse es ver *Historia de las guerras*, *Los edificios* e *Historia secreta* como una trilogía: las dos primeras partes, un tributo encargado por el jefe de Procopio, y la tercera como una entrega descontrolada de sus verdaderos sentimientos hacia dicho jefe. Cada volumen tiene sus prejuicios, pues ofrecen solo una versión de los sucesos y en ciertas partes mezclan hechos con ficción para obtener el resultado deseado. Ello nos permite echar un vistazo a la historia, que si bien puede no ser confiable, sí nos deja ver la forma en que se cuenta: la oficial versus la personal.

Parte II

La Edad Media

Los crímenes de la emperatriz Wu

Con frecuencia se llama a la dinastía Tang como la Edad de Oro de la antigua China, y al frente de uno de sus más ilustres momentos clave encontramos a Wu Zetian, la única mujer en la historia de las dinastías chinas que gobernó no como viuda o como consorte, sino como emperatriz por derecho propio. Durante su reinado (del 690 al 705), Wu expandió el imperio, volvió a abrir la Ruta de la Seda y utilizó fondos gubernamentales en iniciativas para cuidar a los pobres y a los enfermos. Antes de su muerte en el 705, la emperatriz decidió dejar en blanco el epitafio de su lápida, pues quería que su reinado fuera juzgado solo por la historia. Tal vez no fue una buena idea. La historia no la recuerda como una gobernante fuerte y eficaz, sino como una asesina cruel, de quien se escribiría después: «Mató a su hermana, masacró a sus hermanos, a su emperador y envenenó a su madre. La odian tanto los dioses como los humanos».

Los crímenes que yacen a los pies de la emperatriz Wu son algunos de los más atroces que pueden encontrarse en cualquier libro de historia. Wu comenzó su trayectoria como concubina, primero del emperador Taizong y luego del emperador Gaozong. En el año 654 dio a luz al hijo de Gaozong y supuestamente mató al bebé para culpar de asesinato y brujería tanto a la esposa del emperador, la emperatriz Wang, como a la anterior consorte favorita, Xiao, lo que resultó en las terribles muertes de ambas y el ascenso de Wu como emperatriz consorte. Luego, en el año 675, otro de sus hijos murió repentinamente; en esa ocasión fue su hijo mayor, Li Hong, cuyo deceso ocurrió justo después de una discusión con su madre. Cuando el emperador Gaozong falleció en el año 683, una vez más se ligó a Wu con su muerte; además, un (ahora) considerable rastro sangriento de familiares (primos, sobrinas y sobrinos) que representaban una amenaza para ella murieron de manera misteriosa o fueron acusados de traición. La ola de asesinatos familiares terminó una vez que Wu se convirtió en emperatriz viuda, pero aun así no se le consideraría una madre ejemplar. Utilizó a los hijos que le quedaban como títeres gobernantes, lo que consolida su nominación a la madre del año; si alguno se le salía de control, lo destituía, lo exiliaba y lo reemplazaba con un hermano más dócil hasta que, finalmente, en el año 690, su hijo más pequeño, el emperador Ruizong, abdicó para dar paso como única gobernante a la emperatriz Wu.

Pero ¿qué tanto es cierto? Hay un refrán que dice que la historia la escriben los vencedores; sin embargo, también la escriben aquellos a los que les gustaría que los vieran como vencedores, y casi con total seguridad fue lo que ocurrió en este caso. Al final de la dinastía Tang, China entró en un periodo de cincuenta años de confusión conocido como el periodo de las Cinco Dinastías y los Diez Reinos. Sin una autoridad central, este fue un tiempo caótico, por decir lo menos, y cuando dio inicio la dinastía Song en el año 960, fue un trabajo arduo regresar a China al estado que había tenido durante las dinastías Tang y Han. Esto dio como resultado el esfuerzo por fomentar la identidad china y revivir el confucionismo, no solo en la vida cotidiana, sino también en la crónica de la historia china. El problema era que el reinado de la emperatriz Wu no cuadraba en esta narrativa, como lo explicó el erudito contemporáneo de la dinastía Song, Zhu Xi: «La dinastía Tang tuvo su origen en los bárbaros. Por esta razón, no eran considerados como inusuales los intentos de fomentar un comportamiento adecuado en las mujeres».

LA AMANTE

Wu Zetian entró a los 14 años al harem imperial del emperador Taizong. Era una concubina, pero no la favorita; sin embargo, inició una relación con el futuro emperador Gaozong durante la enfermedad fatal de Taizong. Al parecer la unión fue incentivada por la esposa de Gaozong, la emperatriz Wang, en un intento de separarlo de su concubina predilecta, Xiao.

Los logros y la duración del reinado de la emperatriz Wu significaban que no podía quedar relegada de la historia, pero no era el tipo de mujer a la que los historiadores Song quisieran homenajear. Era mucho más sencillo elegir a conveniencia partes de su historia y enfocarse en el relato de quienes se opusieron a su reinado. La cita «la odian tanto los dioses como los humanos» es, a la fecha, una de las más usadas para referirse a la emperatriz Wu, aunque fue uno de los relatos contemporáneos más prejuiciosos, escrito por el poeta Luo Binwang, que buscaba apoyo para la rebelión contra Wu. Al igual que con las *Filípicas* de Cicerón, este tipo de instigaciones mordaces no siempre son las fuentes históricas más confiables. Con frecuencia, esta era la única clase de relatos que se escribía sobre la emperatriz Wu durante el periodo Song, lo que significa que gran parte de lo que se plasmaba como hechos por lo general eran rumores y especulaciones.

¿La emperatriz Wu mató a su bebé, hijo y esposo? Es poco probable. Existen muchas crónicas de la vida de Wu que afirman que Li Hong padeció desde la infancia una larga enfermedad (al parecer tuberculosis) y esta fue la causa de su muerte. Por otra parte, el emperador Gaozong sufrió un infarto en el año 660 que lo debilitó y lo dejó con una salud pobre por el resto de su vida. En cuanto al bebé de Wu, hay poca evidencia concreta que sugiera que la emperatriz lo hubiera asesinado, y los relatos del crimen por parte de los historiadores de la dinastía Song intensifican en cada versión el nivel de brutalidad en el supuesto homicidio.

Esto no quiere decir que Wu fuera completamente inocente y que haya sido satanizada por la historia. Aunque no hubiera matado a su bebé, sí utilizó su muerte para incriminar a dos mujeres inocentes y luego supervisó sus ejecuciones. Asimismo, es casi seguro que tuviera algo que ver en las acusaciones y muertes de los miembros de su extensa familia que representaban una amenaza potencial. En pocas palabras, la emperatriz Wu fue tan despiadada a la hora de obtener poder como efectiva durante su reinado. Sin embargo, a pesar de que Wu fue tal vez una de las más grandes integrantes de los emperadores de la dinastía Tang, sus logros permanecen relativamente en el olvido. Quizás este es un ejemplo de los momentos en que la historia opta por el camino más fácil. Es mucho más sencillo seguir a los historiadores de la dinastía Song y ver a Wu como una villana sedienta de sangre que ir un poco más allá para descubrir a la profundamente compleja gobernante que fue.

Magia y Monmouth

Alrededor del año 1135, el clérigo y escritor Godofredo de Monmouth publicó un libro que puso de cabeza toda noción que se tenía sobre la historia británica. *Historia Regum Britanniae/De gestis Britonum* (hoy conocido como *Historia de los reyes de Britania*) se convertiría en un éxito medieval. Fue leído en toda Europa, y el Imperio bizantino y los eruditos ingleses lo utilizaron durante todo el siglo XVI. ¿Qué hizo que el libro fuera tan importante? Monmouth descubrió un capítulo de la historia nunca antes visto en ninguna otra obra importante de este género: el relato del rey Arturo y Merlín. Junto con esta historia arturiana perdida había crónicas de antiguos gigantes que alguna vez deambularon por las costas británicas, además de las vidas del rey Lear y Cimbelino. Claro que casi nada del increíble descubrimiento de Monmouth era cierto, pero muy pocos, además de él, lo sabían.

Es fácil comprender por qué la gente le creyó cuando inventó una historia convincente para respaldar su descubrimiento. Según él, durante sus estudios académicos se dio cuenta de que había un hueco enorme en la historia británica registrada tanto antes como después de la «encarnación de Cristo». Mientras buscaba estos capítulos perdidos en el tiempo, su amigo, el archidiácono de Oxford, le informó sobre un «libro antiguo» que convenientemente contenía todas esas piezas faltantes que estaba buscando, «desde Bruto, el primer rey de Britania, hasta Cadwallader, hijo de Cadwallo», así como una serie de profecías hechas por Merlín sobre el futuro de Gran Bretaña. Su *Historia* fue la traducción directa, hecha por Monmouth, de este libro al latín (que en ese entonces era la lengua culta) y su introducción está llena de menciones de los grandes y bondadosos de Inglaterra, a quienes considera como mecenas de su trabajo. La combinación de todo esto le dio a su obra la ilusión de veracidad. No parecía ser una invención: fue escrita en latín por un erudito con el respaldo de múltiples individuos, por supuesto que fue considerada como verídica.

Los académicos pronto comenzaron a incorporar *Historia de los reyes de Britania* a sus propios trabajos; sin embargo, hubo unos cuantos detractores: después de todo, nadie salvo Monmouth había visto el mítico libro en el que basaba su trabajo y tan solo este hecho ya era bastante sospechoso. Uno de estos escépticos fue el historiador Guillermo de Newburgh, cuyo trabajo *Historia rerum Anglicarum* (Historia de los asuntos ingleses) era una especie de rival de *Historia de los reyes de Britania*. En el prefacio, Newburgh arremete contra Monmouth: «miente descaradamente en todos los aspectos», y destaca cuán pocas de las fuentes que cita en realidad existían. Esto era cierto, y los trabajos de Newburgh contienen información mucho más precisa y verídica; sin embargo, también se dejó llevar por la imaginación e incluyó historias de fantasmas y muertos vivientes, lo que convirtió sus argumentos contra el fantástico mundo artúrico de Monmouth en algo difícil de creer. El otro crítico prominente de *Historia de los reyes de Britania* fue Gerardo de Gales, un historiador y clérigo secular. En la que quizá fuera la más medieval de las burlas, Gerardo escribió un relato en el que pequeños demonios aparecían por todo el cuerpo de un hombre cuando se enfrentaba a mentiras y su condición empeoraba cuando se le colocaba el libro de Monmouth en el regazo.

Conforme pasó el tiempo se puso más atención en la inclusión de las profecías de Merlín en el libro de Monmouth. Este escribió cientos de profecías y se las atribuyó a Merlín; iban desde las muy claras hasta las vagas que rayaban en lo absurdo, por ejemplo: «el erizo esconderá sus manzanas dentro de Winchester y construirá pasajes ocultos bajo la tierra». En la Edad Media y en el periodo moderno temprano, se depositó gran confianza en dichas profecías, y su lenguaje, con mucha frecuencia vago, significaba que se podían atribuir fácilmente a cualquier cosa. Por ejemplo, dos reyes ingleses, Enrique II (1154-1189) y Eduardo III (1327-1377) alegaban ser la personificación de los jabalíes que Merlín había predicho salvarían al pueblo inglés. Un uso similar de estos vínculos difusos se puede encontrar incluso bastante después, en el año 1603, cuando Jacobo I sucedió a Isabel I en el trono y declaró que eso también había sido profetizado por Merlín.

Esto no quiere decir que todo en la *Historia de los reyes de Britania* sea mentira. El historiador y arqueólogo Miles Russell argumenta en su revaluación de la obra que encontró que, más allá de los cuentos de magos y gigantes, Monmouth utilizó una gran cantidad de fuentes creíbles del sureste de Inglaterra, que datan incluso del siglo I a.C. De acuerdo con Russell, estas arrojan una nueva luz sobre cómo vivían y pensaban los británicos antiguos. Proporcionan perspectivas novedosas sobre eventos históricos, como el de las tribus británicas que ayudaron a los romanos a suprimir el levantamiento de Boudica en el año 60 d.C. o el de la manipulación de Stonehenge por parte de los romanos, y probablemente aportaron cosas nuevas.

LA MAGIA DE MERLÍN

La *Historia de los reyes de Britania* sentó las bases sobre las que trabajarían los futuros escritores artúricos, como María de Francia y sir Thomas Malory, pues Monmouth definió la personalidad del rey Arturo y la historia de su familia, así como sus fuertes lazos con Merlín.

Aun así, *Historia de los reyes de Britania* comenzó a perder favor con el tiempo, conforme los eruditos empezaron a percatarse de cuánto había que dejar de lado la lógica para leer el libro completo y aceptarlo al pie de la letra (aunque siglos más tarde, se empezó a tomar en serio a Guillermo de Newburgh y Gerardo de Gales). En 1718, un tal Aaron Thompson publicó la primera traducción al inglés de *Historia de los reyes de Britania* y le preocupaba tanto abrir una caja de Pandora de desinformación al reimprimir la obra de Monmouth que incluyó un tomo considerable como introducción, en un gran esfuerzo para recordarle al lector que *Historia de los reyes de Britania* es «bárbaro y en muchas partes oscuro».

Lo más probable es que nunca sepamos por qué Godofredo de Monmouth incluyó tantas invenciones en su historia de Gran Bretaña. Aun así, es quizás una de las mentiras históricas más sorprendentes y todavía en la actualidad tiene un impacto en nuestras vidas. Continúa el debate sobre si el rey Arturo existió en realidad, aunque hay poca evidencia sólida de que así fuera. Dato curioso: existen relatos de un jefe militar del siglo IX y un líder galés del siglo X con ese nombre, por lo que es posible que la inspiración de Monmouth para su invención proviniera de ahí. Haciendo a un lado la ligera redundancia en los argumentos históricos, el legado cultural de *Historia de los reyes de Britania* es casi tan increíble como sus fuentes, pues es la base de dos obras de teatro de Shakespeare, así como de incontables libros, películas y programas de televisión que se basan en la leyenda artúrica. Tal vez Godofredo de Monmouth sea visto todavía por muchos como un seudohistoriador, pero sus mentiras lo convierten quizás en uno de los más grandes escritores de ficción de todos los tiempos.

La caída de los Comneno

Cuando el emperador bizantino Alejo I Comneno murió en 1118, se pregonó que había logrado lo imposible al salvar al imperio de caer en el olvido. Justo un siglo antes, bajo el reinado de Basilio II, Bizancio había sido una potencia considerable y el poder dominante en los Balcanes y Oriente Medio, pero a su muerte en el año 1025 se desató una batalla por la sucesión. Luchas internas, golpes de Estado y revueltas provocaban cambios continuos de poder, y por ello ningún gobernante duraba más que unos cuantos años. Para cuando Alejo I llegó al trono en el año 1081, ya habían sido traspasadas muchas fronteras del imperio. Turcos nómadas se habían instalado en Anatolia y los normandos saqueaban con alegría los territorios italianos. Milagrosamente, Alejo cambiaría esta situación en las décadas siguientes, logrando así levantar a Bizancio. Claro que el imperio era más pequeño cuando murió, pero consiguió mejorar de manera considerable tanto su salud económica como su poderío militar. También logró consolidar la dinastía de los Comneno. Ya no habría guerras de sucesión que descarrilaran el imperio; una vez más, como un gran poder, crecería bajo el mando firme de un Comneno. Cuando menos, esa era la idea.

Al principio, las cosas iban extraordinariamente bien para la recién fundada dinastía, y el crecimiento que había comenzado con Alejo siguió su camino en los reinados de Juan II Comneno y de Manuel I Comneno. Sin embargo, el gobierno de este último se caracterizó por su naturaleza en exceso ambiciosa. Cuando llegó al trono, el imperio era el poderío más grande del Mediterráneo, pero no por mucho. Necesitaba aliados si quería consolidar a los Comneno en el poder. Para ello, buscó a las potencias bajo el amparo del emperador del Sacro Imperio Romano y gozó así de alianzas con Conrado III de Germania y Bela III de Hungría, aunque dichas alianzas cambiarían al morir Conrado en el año 1152. Manuel había estado planeando una campaña con él que habría dividido a Italia entre Bizancio y Germania y regresaría Sicilia al dominio del imperio. Sin embargo, el nuevo rey de Germania, Federico I Barbarroja, rápidamente le retiró el apoyo, situación que empeoró cuando Federico fue coronado emperador del Sacro Imperio Romano en el año 1155. Federico quería Italia, Manuel quería Italia y Sicilia, mientras que el rey de Sicilia, Guillermo II de Sicilia, solo quería que todos dejaran sus tierras en paz.

Mientras se desarrollaba ese desastre, Manuel luchaba con una crisis familiar, concretamente con su primo Andrónico Comneno. Habían crecido juntos, pero en 1153 Manuel descubrió que Andrónico estaba involucrado en una conspiración para derrocarlo y lo encarceló, pero aquel logró escapar en 1165 para huir después al estado cruzado de Antioquía. Después de años de luchas, Bizancio y Antioquía habían negociado una alianza gracias al matrimonio entre Manuel y María de Antioquía. Sin embargo, cuando Andrónico durmió con Filipa, la hija menor del príncipe de Antioquía, y la hizo su amante, se alteró la frágil paz. Temeroso de la ira de su primo, Andrónico huyó a Jerusalén donde, en 1167, se embarcó en otra aventura, en esta ocasión con la recién viuda y exreina de Jerusalén, Teodora Comnena, quien además era sobrina de Manuel. Los amantes huyeron y finalmente se asentaron en la frontera bizantina, donde formaron su propio reino de ladrones y presionaron para que Andrónico tomara la corona. En respuesta, Manuel capturó a Teodora y a los hijos de la pareja y, en 1180, obligó a su primo a jurarle lealtad a cambio de su liberación. Después Andrónico fue exiliado, una amenaza que seguramente nunca volvería a aparecer.

La línea dinástica estaba a salvo, no así el imperio. Además de las tensiones entre Bizancio, el emperador del Sacro Imperio Romano y Guillermo II de Sicilia, Manuel había roto la alianza con el Imperio selyúcida en el año 1175, lo que resultó en una guerra titubeante. No fue un completo fracaso pero sí pudo mostrar qué tanto se habían adentrado los turcos en Asia Menor. Cuando Manuel murió en el año 1180, quedó claro que, aunque Bizancio era todavía fuerte, necesitaría un líder firme que supiera sortear la crisis de ese momento. Desafortunadamente, ese líder era un niño de 11 años. Alejo II era el hijo de Manuel y María de Antioquía. Debido a su tierna edad, era evidente que no podía ser el líder, así que mientras dedicaba su tiempo a practicar deportes y a cazar, su madre y su nuevo amante, Alejo Comneno (conocido como el protosebasto Alejo Comneno), gobernarían como regentes *de facto*. Alejo no era bueno para esto, pues le preocupaba más forrarse los bolsillos que gobernar el imperio. A su vez, la pareja comenzó a mostrar favoritismo hacia los ciudadanos emigrados de las repúblicas de Pisa y Génova, quienes se convirtieron en parte de lo que se conoció como «minoría latina». Conforme se asentó la corrupción y comenzaron a abundar los rumores de complots para asesinar al protosebasto Alejo, volvió a surgir Andrónico Comneno. En 1182 formó un ejército y marchó rumbo a Constantinopla; la ciudad se puso de su lado en cuanto llegó, el protosebasto Alejo fue cegado y obligado a entrar en un monasterio, mientras que María de Antioquía fue confinada a un convento. Para afianzar la lealtad de la muchedumbre que vendría en su ayuda, Andrónico permitió una masacre en el cuadrante latino de Constantinopla. Miles de personas fueron asesinadas, y no se perdonó a mujeres, niños ni enfermos; incluso el clero ortodoxo le entregó víctimas a la muchedumbre. En consecuencia, se rompieron muchas alianzas y contactos entre Bizancio y Europa Occidental, pues había regiones que no podían comprender la carnicería que Andrónico había autorizado.

UN ALIAS CEGADOR

El historiador bizantino del siglo XII, Nicetas Choniata, le dio a Andrónico I Comneno el alias de «El que odia la luz del Sol» (*Misophaes*),* debido a la frecuencia con la que cegaba a sus enemigos como castigo.

*Los lucífugos o *misophaes*, en el cristianismo bizantino, son demonios que habitan en la parte más baja del Infierno, rehúyen a la luz y carecen de sensibilidad (*n. del e.*).

En medio de todo esto estaba Alejo II, quien técnicamente seguía siendo el gobernante. Andrónico decidió no destituirlo y, en cambio, determinó que lo volvieran a coronar en mayo de 1182, donde le juró lealtad y protección. Con el joven emperador bajo su control, Andrónico comenzó a deshacerse de quienes podrían ser una amenaza para su recién adquirido poder. Para derrocar a María de Antioquía se urdió una conspiración presumiblemente falsa y Andrónico obligó a Alejo a firmar la sentencia de muerte de su propia madre. Después de esto, Andrónico inició un reinado de terror contra la nobleza, utilizando con frecuencia acusaciones y delitos fabricados para cegarlos, exiliarlos o matarlos. En septiembre de 1183, anunció otra coronación: se convertiría en coemperador. Después de jurar una vez más lealtad de por vida a Alejo II, Andrónico comenzó a conspirar para asesinarlo. Ese mismo mes, el nuevo coemperador se declaró el único gobernante verdadero y encargó a sus amigos que estrangularan al joven Alejo. El reinado único de Andrónico había comenzado oficialmente.

Su gobierno sería uno de mano de hierro, simbolizado por sus legiones de espías, desapariciones de enemigos durante la noche, y algunas de las más brutales ejecuciones públicas registradas en la historia. Enfocado en su reinado tiránico en casa, Andrónico no previó las amenazas que se acercaban a sus fronteras. En el año 1185, Guillermo II de Sicilia se embarcó para invadir Bizancio. Mientras tanto, Andrónico estaba ocupado ideando complots para exterminar a la nobleza. En agosto, cuando las fuerzas de Guillermo saquearon la ciudad de Tesalónica, que tuvo como resultado la masacre de miles de personas, Andrónico intentó aligerar la situación: estaba bien, otras ciudades habían caído antes, no era para tanto. Como era de esperar, esta postura superficial no fue bien aceptada y su pueblo se volvió en su contra; Andrónico ordenó que se ejecutara a todo aquel que lo considerara traidor. Entre ellos se encontraba Isaac Ángelo, un noble que previamente había estado involucrado en revueltas contra la Corona y era conocido por su incapacidad como líder. A principios de septiembre de 1185, el gobierno envió oficiales para arrestar a Isaac en su casa en Constantinopla, sin embargo, después de pelear, este escapó y se refugió en una ermita cercana. A la mañana siguiente, ya se había corrido la voz por la ciudad sobre los arrestos que Andrónico tenía planeados, y la muchedumbre, harta de su gobierno, pidió que Isaac tomara el trono. Este rechazó la idea, ya que no quería ser emperador, pero la muchedumbre se lo exigió y entonces tuvo lugar una coronación un tanto forzada.

Mientras Isaac era coronado como Isaac II Ángelo, el último de los Comneno huía a Rusia en busca de refugio. Sin embargo, Andrónico fue rápidamente capturado y sentenciado a una ejecución cruel, pero primero fue golpeado por la nobleza sobreviviente antes de ser exhibido por toda Constantinopla y colgado de los pies en el hipódromo, donde lo dejaron a merced de una turba vociferante. La dinastía Comneno, que alguna vez fue proclamada como liberadora del imperio, había muerto. Andrónico mismo la había destruido junto con cualquier posibilidad de continuar una dinastía firme que redujera el declive del Imperio bizantino. Bajo la corta dinastía de Isaac —la dinastía Ángelo— Bizancio enfrentó algunos de sus golpes más fuertes, incluyendo la división del imperio en 1204. Ese mismo año, los Comneno técnicamente volvieron a gobernar una vez más con los nietos de Andrónico, Alejo y David, quienes fundaron el estado sucesor, el Imperio de Trebisonda. No obstante, nunca volverían los días de gloria y ni ellos ni ningún Comneno gobernarían de nuevo Constantinopla. En cuanto al imperio en sí, nunca se recuperaría por completo, gracias en gran medida a las mentiras y la corrupción que comenzaron en el reinado de Andrónico.

La traición de los caballeros templarios

Conocida hoy en día como una orden militar católica de élite, los caballeros templarios surgieron como una especie de asistencia en el camino para los peregrinos. La primera cruzada, que tuvo lugar entre 1096 y 1099, había visto al ejército cristiano de Europa Occidental hacerle la guerra a Jerusalén en su intento de recuperar la «Tierra Santa» del dominio islámico. Los peregrinos acudían a Jerusalén y a los lugares sagrados de sus alrededores bajo la ocupación cristiana. Sin embargo, el área era por demás peligrosa; la primera cruzada había sido increíblemente sangrienta y las tácticas utilizadas por los cruzados con frecuencia eran brutales, lo que convertía en objetivos a los peregrinos cristianos. Pronto sus cuerpos se amontonaban en los caminos hacia Jerusalén.

Alrededor del año 1118, el caballero francés Hugo de Payns ideó una solución; reunió a sus amigos y familia para crear una pequeña orden que protegiera a los peregrinos en sus viajes. Esta orden dependía casi por completo de donaciones para funcionar, pero por suerte, sus objetivos pronto la convirtieron en el esfuerzo caritativo religioso predilecto, y en pocos años, al grupo primeramente pequeño de caballeros no solo le llovía el dinero, sino que también le llegaban en abundancia nuevos y ansiosos reclutas. En el año 1139, los caballeros templarios se volvieron una especie de fuerza invencible después de que recibieran el apoyo papal, lo que los eximía de pagar impuestos y les permitía el tránsito libre entre fronteras, además contaban con la declaración de que nadie más que el papa los gobernaba.

Los templarios fueron un vívido emblema de las cruzadas durante el siglo XIII: un ejército con Dios de su lado que nunca podría ser derrotado. La guerra demostró ser un buen negocio para ellos. Aunque técnicamente sus miembros vivían vidas monásticas de pobreza, la orden en sí se volvió increíblemente rica. Esas primeras donaciones aumentaron de manera exponencial y los templarios tenían ya su propio imperio de tierras, propiedades y riqueza, incluso organizaron un sistema económico para permitir grandes movimientos de dinero entre territorios. Se convirtieron en una especie de banco medieval en muchas formas, pues países como Francia les pedían dinero prestado para mantener a sus ejércitos durante las cruzadas. Como una de las potencias financieras de Europa, los caballeros templarios se habían alejado de manera significativa de su propósito original, nada de eso importaba realmente siempre y cuando tuvieran éxito en las cruzadas y mantuvieran felices tanto a sus donadores como a sus deudores. Pero, por supuesto, esa racha ganadora terminó.

Quizás el golpe más fuerte fue la Caída de Acre en el año 1291, cuando el sultanato mameluco logró sitiar el último baluarte cruzado en el reino de Jerusalén. Los templarios habían sido incapaces de hacer frente al vasto ejército invasor y dentro de las múltiples víctimas se encontraba el gran maestro de los caballeros templarios, Guillermo de Beaujeu. La Caída de Acre marcó el final del apogeo de los templarios y fueron expulsados de Tierra Santa en medio de una serie de derrotas consecutivas. El aura de misticismo supersticioso que alguna vez rodeó al «ejército de Dios» se había roto, no eran invencibles y, tal vez lo peor de todo: eran completamente susceptibles a las debilidades humanas. Durante décadas, habían estado circulando rumores de fechorías cometidas por los templarios, y cronistas como Guillermo de Tiro y Mateo de París acusaron a la orden de corrupción y avaricia; París incluso llegó a sugerir que los templarios en ocasiones habían saboteado sus propias misiones para alargar las cruzadas y obtener más dinero.

En un terreno bastante incierto, los templarios comenzaron a planear cómo iniciar otra cruzada para volver a ganarse la estima perdida. En 1306, el gran maestro templario, Jaques de Molay, fue llamado a Francia para reunirse con el papa Clemente V y discutir la cruzada propuesta. Sin embargo, el momento para dicha reunión no fue el atinado. El rey de Francia, Felipe IV se sentía cada vez más molesto con los caballeros. Por una parte, les debía mucho, y por otra, De Molay se oponía a las expectativas de Felipe de fusionar a los templarios con otras órdenes para crear así una especie de supermáquina de cruzadas que funcionaría bajo las órdenes del rey francés. Y para echar más leña al fuego, después de que De Molay arribó a Francia a finales de 1306, un caballero destituido acusó a la orden de herejía. Era una acusación seria y, para empeorar las cosas, se pusieron en espera las pláticas programadas para la cruzada después de que Clemente V enfermara. Hacia finales de junio de 1307, los alegatos de herejía cobraron tanta fuerza que De Molay se reunió con Felipe IV para implorar por la inocencia de la orden. Sin embargo, Felipe no cedió. Ya sea que creyera o no las acusaciones, estas fueron la gota que derramó el vaso. Los templarios habían sido un dolor de cabeza demasiado tiempo; ya no cumplían con su propósito original, no estaban dispuestos a cooperar y les debía mucho dinero: debían desaparecer.

El 13 de octubre de 1307, Felipe IV ordenó el arresto de todos los miembros de los caballeros templarios en Francia. Las acusaciones de herejía eran el fundamento, pero para hundir a toda la orden Felipe necesitaba más, por lo que rápidamente se fabricaron más acusaciones. Por ejemplo, se sabía que los miembros de la orden intercambiaban un «beso de la paz» en los labios. Esta singular evidencia se transformó para acusar a la orden de sodomía. Para obtener las confesiones que Felipe quería, no solo se interrogó a los miembros de la orden, sino que se les torturó, lo que resultó en muchas confesiones falsas; incluso De Molay confesó haber destruido un crucifijo y haber negado a Cristo. En total, murieron 36 templarios bajo tortura al negarse a admitir los cargos. De los restantes 138 testimonios, todos fueron confesiones, excepto cuatro.

A pesar de que el papa era oficialmente la única autoridad por encima de los templarios, Clemente V no fue capaz de detener a Felipe IV, e incluso en ocasiones lo favorecía: emitió una bula papal, la *Pastoralis praeeminentiae* (Preeminencia pastoral) con la orden hacia todos los reinos cristianos de que arrestaran a los templarios y que condujeran sus propias investigaciones. Curiosamente, en los países que no se utilizó la tortura como medio de interrogación, como en Chipre e Inglaterra, las confesiones fueron muy raras. Aun así, Felipe continuó su campaña, y en 1308 publicó *Los artículos de acusación*, una lista no solo de las acusaciones admitidas por los templarios, sino también de otras, que iban desde invadir los derechos religiosos de iglesias y obispos hasta esconder sus acciones de la autoridad papal. Aparentemente, dando dos pasos atrás, Clemente le escribió a Felipe para acusarlo de destruir la reputación de los templarios. ¡Pero por supuesto! Eso era justo lo que Felipe quería, que se leyeran *Los artículos de acusación* en las plazas de los pueblos y aldeas en un intento de lograr que más gente les diera la espalda a los templarios.

Para ese momento, muchos de los caballeros que fueron arrestados en Francia se habían retractado de sus confesiones y Clemente V presionaba porque se les enjuiciara. La respuesta de Felipe llegó en mayo de 1310, con la orden de ejecutar a 54 templarios en la hoguera. A los restantes se les permitiría vivir si no cambiaban sus confesiones originales; una opción que muchos aceptaron. Los templarios ya no tenían salvación. Su reputación estaba en ruinas y ya no era posible tenerlos como una extensión de la Iglesia católica. El papa Clemente V disolvió la orden oficialmente en 1312. Dos años después, en marzo de 1314, Jacques de Molay fue quemado en la hoguera luego de haberse retractado de su confesión. Esto dio paso a la leyenda que todavía perdura y que cuenta que, con su último aliento, De Molay maldijo a quienes habían destruido su orden. En el transcurso de un año murieron tanto Clemente V como Felipe IV.

MALA SUERTE PARA ALGUNOS

Los caballeros templarios están arraigados en múltiples mitos históricos, incluyendo que la superstición del viernes 13 como un día de mala suerte proviene de su arresto en 1307. Esto no es cierto, ya que los orígenes de esta creencia se remontan mucho más atrás, incluyendo las referencias bíblicas a la Última Cena, en la que Judas fue el decimotercer invitado, y las relativas a la mitología nórdica, que cuenta con otro decimotercer invitado, Loki, quien arruinó una fiesta al sumir al mundo en la oscuridad.

Pero este no sería el final de la historia. Casi setecientos años después, en 2001, se descubrió un documento perdido en los archivos del Vaticano que, al igual que la *Historia secreta* de Procopio, cambiaría la historia. La paleógrafa Barbara Frale encontró el Pergamino de Chinon, un documento cuya existencia se presumía desde hacía mucho tiempo, pero que hasta ese momento había permanecido perdido para la historia, gracias a un archivista olvidado que lo catalogó incorrectamente por accidente. El pergamino muestra que en 1308, después de una investigación papal, Clemente había absuelto a los caballeros templarios de todos los cargos de herejía y los había declarado inocentes, pero consideraba que debían reformarse. Felipe IV ignoró esto y siguió adelante: tejió una red de mentiras y, a sabiendas de que eran inocentes, ejecutó a los templarios para beneficio propio.

Juana y la Flota Negra

En los años que siguieron a la muerte de Felipe IV, Francia entró en un periodo difícil. El hijo de Felipe, Carlos IV de Francia, subió al trono; sin embargo, cuando murió en 1328 no tenía herederos varones y dejó la corona disponible. Los dos favoritos para el puesto de rey eran el primo de Carlos, Felipe, y su sobrino Eduardo, quien daba la casualidad también era Eduardo III, rey de Inglaterra. Como pariente directo, se puede decir que Eduardo era el candidato más fuerte, pero para fortuna de Felipe, cuando murió Carlos IV, Eduardo no estaba en posición de pelear por la sucesión. Con tan solo un año de reinado, el rey de Inglaterra, de solo 16 años, estaba en desacuerdo con el amante de su madre, Roger Mortimer, quien usaba la edad de Eduardo como pretexto para tomar el poder. Con Eduardo fuera de escena, Felipe fue coronado rey de Francia.

Pero la pelea por la corona distaba mucho de haber terminado; Inglaterra y Francia habían estado peleando durante siglos sobre quién poseía cuáles tierras. Esto había comenzado en 1066, cuando los duques de Normandía, liderados por Guillermo el Conquistador, tomaron Inglaterra y, conforme esta nueva dinastía anglonormanda progresaba, fue absorbiendo más territorios de Francia. Para el reinado de Enrique II (1154-1189), Inglaterra había reclamado casi la mitad del territorio francés. Desafortunadamente para Eduardo, cuando llegó al trono, Francia había recuperado todo, excepto Gascuña en el suroeste. Adelantémonos hasta 1377, cuando Felipe decidió que también quería Gascuña, pero Eduardo ya no era el niño rey manipulable; en 1330 había emboscado y ejecutado a Mortiner y se estaba haciendo de un nombre propio como un fiero gobernante militar. Entonces, cuando Felipe hizo una oferta por Gascuña, Eduardo no aceptó: se había hartado y no lo mangonearían más. Tal vez había perdido el trono francés una década atrás, pero técnicamente su derecho seguía siendo válido y por tanto, decidió que no solo quería mantener Gascuña, sino que también quería apoderarse de Francia. Esto dio comienzo a lo que hoy se conoce como la guerra de los Cien Años.

LA GUERRA MÁS LARGA

La guerra de los Cien Años se extendió de 1337 a 1453, lo que significa que, a pesar del nombre, la guerra más larga de la historia europea duró en realidad 116 años. Además de Juana de Clisson, la guerra incluiría muchos rostros y sucesos famosos, entre los que se encuentran la batalla de Azincourt y el surgimiento y muerte de Juana de Arco.

Una de las primeras batallas fue la lucha por el control del ducado de Bretaña en Francia. Los franceses respaldaban a Carlos de Blois, mientras que el representante de Inglaterra era Juan de Montfort. En nombre de De Blois peleaba el noble francés Olivier de Clisson, quien poseía una gran extensión de tierras en Bretaña. De Clisson fue capturado en 1342 por los ingleses, que solicitaron un rescate por él. Es probable que Carlos de Blois quisiera las tierras de De Clisson, por lo que le hizo una jugarreta: pagó su rescate, pero luego lo acusó de traición, declarando que los ingleses habían pedido un rescate sospechosamente bajo. La nobleza francesa se sorprendió por las declaraciones en contra de De Clisson: después de todo, era uno de los hombres más leales a Carlos y no había evidencia concreta en su contra. No obstante, Olivier de Clisson fue decapitado por traición en agosto de 1343 y muchas de sus tierras y riquezas pasaron a manos de Carlos de Blois y Felipe VI. Sí, habían incriminado falsamente a De Clisson, pero inventar cargos en el nombre del poder y la riqueza no era nada nuevo, y ni Carlos ni Felipe esperaban sufrir las consecuencias. Tristemente, no tomaron en cuenta algo: Olivier de Clisson había dejado una viuda. Francia acababa de crear su propia supervillana por accidente.

Hasta antes de la muerte de su esposo, Juana de Clisson había vivido una vida bastante típica para una mujer noble francesa. Nacida en 1300, primero se había casado a los 12 años y había soportado dos matrimonios sin amor antes de casarse con Olivier en 1330. Su matrimonio fue una rareza para esos tiempos, pues la pareja sí estaba enamorada y vivían felices con sus hijos en la frontera de Bretaña. Sin embargo, cuando Olivier fue ejecutado, Juana no reaccionó como era de esperar: en vez de utilizar el poco dinero que le quedaba para mudarse y vivir tranquilamente, juró vengarse de Carlos de Blois y Felipe VI. Vendió todo lo que no estaba afianzado al suelo y utilizó el dinero para armar un pequeño ejército. Su primer objetivo fue un castillo que dirigía un amigo de Carlos de Blois, Galois de la Heuse. Según se dice, Juana apareció en mitad de la noche frente a las puertas del castillo junto con sus hijos suplicando que la dejaran entrar. Obviamente le abrieron las puertas a la pobre mujer afligida. Ella y sus hijos masacraron a los habitantes del castillo, robaron sus bienes y solo dejaron un sobreviviente para que contara lo que había pasado (algo que se convertiría en el sello característico de Juana).

Conforme continuaba con la devastación por toda Bretaña, Juana se alió con el enemigo de Carlos, Juan de Montfort. Con el respaldo de los ingleses, se convirtió en una amenaza aún más grande y se despacharon fuerzas francesas para que acabaran con ella. Con los ánimos tan caldeados en Francia, Juana cruzó el canal hacia Inglaterra. Eduardo III conocía perfectamente a Juana y su oleada de venganza y quería ayudarla de cualquier forma posible; después de todo, quien fuera enemigo de Felipe VI era su amigo. Sin embargo, lo más probable era que Juana enfrentara el mismo destino de su esposo si regresaba a Francia, por lo que se ideó un plan B: Juana trasladaría su venganza a altamar. Compraron tres barcos de guerra, los pintaron de negro y las velas se tiñeron de rojo sangre. Juana y sus hombres se pusieron en camino en la recién nombrada Flota Negra, cuyos barcos generalmente permanecían dentro del canal inglés a la espera de barcos mercantes franceses. Una vez que los tenían a la vista, avanzaban para atacar rápidamente y asesinaban a la tripulación, pero siempre dejaban vivos a unos cuantos hombres para que regresaran a Francia a contar lo sucedido. Al marcar como objetivos barcos mercantes y de suministros, Juana estaba participando en una forma temprana de algo conocido como saqueo comercial, una táctica naval para doblegar al enemigo al bloquear el comercio, la logística y la ayuda. Juana y su Flota Negra lo practicaron durante 13 años.

Incluso cuando Felipe VI murió en 1350, Juana no se detuvo, aunque, al igual que lo hizo la guerra de los Cien Años, la pandemia de peste negra en Europa pareció disminuir su campaña entre 1348 y 1351. Irónicamente, fue el amor lo que al fin pareció terminar su reinado de terror cuando, en 1356, volvió a casarse, en esta ocasión con Walter Bentley, un caballero inglés. Juana decidió volver a su vida como esposa, bajar las velas y, sorprendentemente, regresó a Bretaña. La pareja se asentó en el pueblo costero de Hennebont, lugar en el que ambos murieron en 1359 con unas pocas semanas de diferencia. Un final tranquilo para la mujer que alguna vez fue conocida como la Leona Sangrienta.

Los viajes de Juan de Mandeville

Si hoy pudiéramos tener acceso a una copia de la guía de viaje medieval *Los viajes de Juan de Mandeville*, nos quedaríamos comprensiblemente perplejos. Publicado alrededor de mediados del siglo xiv, la pretendida guía autobiográfica de los viajes alrededor del mundo de un caballero inglés ofrecía a los lectores un vistazo a tierras lejanas como Asia y África, además de relatos de partes del mundo desconocido: tierras fantásticas donde había grifos voladores, cíclopes que deambulaban por ahí y hombres que tenían pezuñas en lugar de pies y cabezas en lugar de torsos. Obviamente, nada de esto era real. El libro era una broma e incluso no existía su supuesto autor, Juan de Mandeville. Pero cuando fue publicado, se consideró real y, al igual que la obra de Godofredo de Monmouth, se convirtió en un éxito internacional. De hecho, se dice que Cristóbal Colón utilizó como referencia a Mandeville antes de embarcarse hacia el Nuevo Mundo. Sin embargo, la confusión de Colón al no encontrar grifos en sus viajes históricos no es lo que hace este libro tan fascinante, sino la forma en la que moldeó la idea de diferentes culturas.

Los viajes de Juan de Mandeville es, en muchos sentidos, un libro en dos partes. Una gran porción de la primera mitad es un recorrido de excursiones rápidas en un viaje por toda Europa hacia Jerusalén y la tierra sagrada. Aquí no encontramos mucho en cuanto a la creación de mitos mágicos se refiere, gracias en buena medida al hecho de que Mandeville tomó la mayor parte de la información de otras guías medievales para peregrinos. Entonces, aunque tal vez él nunca puso un pie en esos países, sí lo hicieron los autores de dichas obras, lo que significa que mucho del trabajo sí es real (aunque, como ya sabemos de Mandeville, se encuentran algunas inclusiones extrañas, como aquella de que el arca de Noé es una especie de destino turístico medieval). Como es de esperar, esta sección del peregrinaje es una carta de amor para la cristiandad occidental, llena de referencias bíblicas y metáforas. Es a través de esta visión religiosa que Mandeville introduce la idea de «otredad»: gente que, al igual que él, es blanca y occidental, pero de alguna forma increíblemente diferente a su idea particular de lo que es correcto. Esto es más notorio cuando relata sus «viajes» por Grecia, lugar donde conoce personas de la fe griega ortodoxa; aquí señala que «los hombres de Grecia son cristianos, pero su fe es diferente de la nuestra». Fascinado por esta diferencia, Mandeville se dedica a analizar minuciosamente (en una larga sección) las formas en las que esa versión de cristiandad difiere de la suya; no obstante, sí hace patente que cree que están equivocados: «¡Dios los ayude con su infinita misericordia!».

Este tipo de diferencias religiosas son los marcadores culturales más prominentes en la primera parte del libro. Mandeville mide a todo aquel que conoce contra su ideal de blanco cristiano occidental. Aunque, por «extrañas» que le parecieran sus vidas, vio en la religión una forma de sortear sus diferencias culturales. Tristemente, no lo hizo en una forma del todo inclusiva. Diferentes ramas de la cristiandad, como los griegos ortodoxos, pueden estar equivocados a los ojos de Mandeville, pero su religión incluye a Jesucristo. Hace lo mismo con los musulmanes que conoce, ya que en el islam, Jesús es considerado un profeta. Para él, esto es indicativo de que podían ser «salvados», convertidos a su versión de la cristiandad, y la «extrañeza» de sus culturas puede cambiarse a la suya, cristiana occidental. Mandeville pide a sus lectores tolerar dichas culturas que no les son familiares, porque un día (con ayuda de un poco de campaña) podrían transitar hacia la «correcta».

ILUSTRANDO UNA MENTIRA

Hoy en día, *Los viajes de Juan de Mandeville* es principalmente conocido por sus sorprendentes ilustraciones talladas en madera de algunas de las personas y criaturas que aseguraba haber conocido. Estas no se incluyeron en el manuscrito original, sino que se agregaron durante el siglo xv, sobre todo en las publicaciones francesas y alemanas; después las ediciones inglesas las imitaron.

Pero este tipo de intolerancia tolerante no se la concede a todo el mundo. Mandeville escribe que no se puede encontrar un terreno común con quienes practican el judaísmo. La demonización de los judíos comienza desde el primer párrafo del libro y continúa hasta el final. Este tipo de retórica antisemita no era nueva: el surgimiento de la cristiandad estaba en conflicto con el judaísmo y, mientras la popularidad de una religión crecía, la otra se convirtió en objeto de persecución. En 1215, un edicto papal decretó que los judíos debían usar emblemas distintivos. Eduardo I ordenó en 1290 la expulsión de los judíos de Inglaterra, y durante la peste negra en Europa, hubo masacres por todo el continente después de que se acusara a los judíos de la pandemia. Mandeville jugó con un conjunto ya existente de creencias, pero decidió doblar la apuesta al alegar que durante sus viajes entendió que el judaísmo era la última amenaza: «emergerán en los tiempos del anticristo y llevarán a cabo una gran matanza de hombres cristianos».

Esta condena final al judaísmo viene en la segunda mitad del libro, la cual se enfoca en el mundo más allá de Jerusalén y en los viajes de los peregrinos. Esta sección es la que contiene las mentiras más absurdas, las tierras ficticias de gigantes y hombres con ojos en los hombros. Muchos de los lectores de Mandeville no habían salido de sus países, y en parte es por ello que le resultó tan fácil mentir y salirse con la suya. Escribió que en Etiopía, la parte inferior del cuerpo de muchas personas estaba compuesta de un pie grande con el que corren y que los niños nacen con piel amarilla que se convierte en negra conforme van creciendo. Nos puede parecer absurdo, pero no necesariamente lo era para el promedio de los lectores medievales que nunca habían viajado a Etiopía y que probablemente tampoco conocían a alguien de allá; entonces ¿por qué no podría ser verdad esto? Aun así, a pesar de lo absurdo de su descripción, Mandeville clasificó a los etíopes como parte de los que pueden ser «salvados», ya que la Biblia señala que uno de los tres reyes que estuvo en el nacimiento de Jesús venía de Etiopía.

Sin embargo, hizo a un lado esta idea condescendiente de inclusión una vez que se fue de Etiopía y declaró haberse topado con una serie de islas cuyos habitantes, de manera muy parecida a los judíos, eran demasiado diferentes para ser tolerados; pero en esta ocasión no se debía a diferencias religiosas, sino a que eran alienígenas: «monstruos». Estas son las tierras de los cíclopes y los hombres con pezuñas en lugar de pies. Todos fueron inventados, por supuesto, además de que eran casi cómicos en su frivolidad; pero detrás de ello hay algo mucho más perverso. Una vez que Mandeville pasó por estas islas extrañas, y con frecuencia bárbaras, encontró la seguridad en un reino donde la tierra era rica y la gente «blanca». A partir de aquí regresa al tema de la primera parte del libro, en la que relata que conoció gente diferente, pero que conocía el cristianismo y, por tanto, podía ser salvada.

Los viajes de Juan de Mandeville presentó un ideal de homogeneidad cultural en el que solo existen cuatro tipos de personas. El primer tipo son Mandeville y sus lectores, el buen cristiano occidental. El segundo, aquellos que son «extraños» y diferentes, pero que pueden volverse participantes del primer grupo cultural. El tercero son los judíos, cuyas diferencias los convierten en una amenaza que debe ser eliminada. El cuarto tipo identifica a los que son demasiado diferentes para ser considerados algo más que subhumanos y que en su mayoría forman una periferia monstruosa por debajo de los demás. Es un concepto de cultura que hoy se entiende como la introducción de una novela distópica, pero en su momento fue popular, y conforme vayamos avanzando, veremos el verdadero costo de hacer realidad mundos como el de Mandeville.

Parte III

La Edad Moderna temprana

Simón de Trento y el culto de la sangre

Las cosas no mejoraron para los judíos en la Europa medieval durante el siglo que siguió a la publicación de *Los viajes de Juan de Mandeville*. El alarmismo y la persecución continuaron en aumento y las cosas estaban a punto de empeorar. ¿Cómo? De la misma manera en que comienzan muchas cosas terribles: con una teoría de conspiración. El mito del libelo de sangre se difundió por toda Europa desde la mitad del siglo XII hasta el XIII: se creía que los judíos capturaban y asesinaban cristianos, en particular niños, y que utilizaban su sangre en ceremonias religiosas. No se necesitaban evidencias ni testigos, era suficiente con que tuvieras un muerto o un niño desaparecido. En 1235, mataron 34 judíos en el pueblo germano de Fulda después de que cinco niños murieran en el incendio de una casa; en 1243 hubo un caso similar en Belitz, cerca de Berlín, en el que se asesinó a todo un pueblo judío. Estos no fueron casos aislados, por toda Europa miles de judíos fueron asesinados sin otro motivo aparte de las mentiras y el miedo. En 1246, el papa Inocencio IV añadió una enmienda a la bula papal *Sictus Judaeis* (Como los judíos), en la que prohibía a los cristianos hacer reclamos con base en el libelo de sangre. Esto contuvo un poco las cosas durante un tiempo, pero no pasó mucho antes de que la conspiración regresara, más grande y más brutal que antes.

El domingo de Pascua de 1475, se descubrió en la ciudad de Trento, en lo que ahora es el norte de Italia, el cuerpo de un niño de 2 años llamado Simón. El niño llevaba unos días desaparecido y el Viernes Santo, el príncipe-obispo de la ciudad, Johannes Hinderbach, organizó una búsqueda descomunal. El foco de dicha búsqueda fue, por supuesto, la pequeña población judía de la ciudad. Para el domingo, un prestamista judío de nombre Samuel encontró el cuerpo del niño en un canal que pasaba debajo de su casa. Parecía que el niño se había perdido y trágicamente se había ahogado. Samuel y su familia informaron de inmediato a las autoridades y al equipo de búsqueda, momento en el cual Hinderbach volvió a involucrarse. Las celebraciones de la Pascua judía de ese año tuvieron lugar muy cerca de la Pascua católica y por ello Hinderbach no tardó en concluir que Simón no se había ahogado, sino que lo habían secuestrado y asesinado para utilizar su sangre durante la Pascua judía. Toda la población judía de Trento fue arrestada por el crimen.

Lo que siguió fue no fue un juicio, sino más bien una evasión deliberada de la justicia. Cuando los judíos de Trento no confesaron el asesinato, Hinderbach ordenó que se utilizara la tortura para interrogarlos. Como pasa con frecuencia en las confesiones obtenidas bajo este método, estas no coincidieron: variaban los métodos de asesinato, así como los motivos para cometerlo y los involucrados, pero nada de ello le importó a Hinderbach. Tenía la evidencia que quería, fuera falsa o no. Samuel y varios hombres más fueron quemados en la hoguera por el asesinato en junio de ese mismo año. En cuanto a Simón, Hinderbach hizo arreglos para que el cuerpo del niño se exhibiera en la iglesia de san Pedro, pues decía que era un mártir. Se dijo que el Espíritu Santo había imbuido su cuerpo y que por tanto podía realizar milagros. Simón se convirtió rápidamente en una atracción turística bastante lucrativa.

Para agosto de 1475, el papa Sixto IV intentó intervenir al ordenar a Hinderbach que detuviera todo lo que estaba haciendo hasta que pudiera enviar emisarios papales a investigar. Dichos emisarios llegaron en septiembre y de inmediato sospecharon de Hinderbach, pues intentó desesperadamente impedir que entrevistaran a los prisioneros judíos que quedaban, que leyeran los documentos del juicio e incluso que examinaran adecuadamente el cuerpo de Simón. Lo poco que lograron descubrir era muy oscuro. Además de la tortura, Hinderbach había falsificado documentos del juicio para acelerar los veredictos de culpabilidad y las ejecuciones. En cuanto a Simón, había indicios en el cuerpo de que tanto su conservación como la causa de su muerte habían sido alteradas también. De manera similar, se descubrió que los milagros de los que Hinderbach estaba obteniendo ganancias no eran otra cosa que un montón de mentiras. Como era de esperar, Hinderbach se defendió diciendo que los emisarios papales habían sido sobornados por un grupo judío para encubrir el crimen. Luego se aferró todavía más a su postura al pedir que Simón fuera convertido en santo.

Este vaivén continuó durante varios años hasta 1478. El papa Sixto logró liberar a la mayor parte de los judíos prisioneros en Trento, les otorgó el perdón y la libertad a cambio de que se convirtieran al cristianismo. Era una propuesta sombría, pero, después de años de languidecer en prisión y de ver morir a sus amigos y a sus familias, casi siempre la aceptaban. En cuanto a Hinderbach, se emitió una bula papal que declaraba que los juicios de Trento no eran ilegales, pero que la Iglesia no estaba de acuerdo con sus conclusiones; adicionalmente, se negó la solicitud de canonización para Simón. Este habría sido el final de la historia, pero Hinderbach no iba a soltar a su gallina de los huevos de oro. Se le habían atribuido cientos de milagros desde su muerte hacía tres años. Poemas, cartas y grabados se extendían más allá de Trento hacia Austria e Italia. Hinderbach aprovechaba todo esto, encargaba más arte y literatura, y estaba construyendo una especie de culto alrededor del futuro san Simón de Trento.

EL CULTO DE SIMÓN

En la actualidad, el culto de Simón continúa y se puede encontrar en los grupos neonazis y de supremacistas blancos. En 2019, un hombre armado entró en una sinagoga de San Diego el último día de la Pascua judía y abrió fuego. ¿El motivo para este crimen de odio? Vengar a Simón de Trento.

El impacto que este culto tuvo en el avance de la conspiración fue verdaderamente catastrófico. En 1493, el sacrificio de Simón fue incluido en el exitoso libro internacional *Las crónicas de Núremberg*, junto con una ilustración del asesinato del niño por un grupo de judíos representados de forma estereotipada. Dicha ilustración se extendería como el fuego por toda Europa en grabados y panfletos. Pronto volvieron a surgir supuestos incidentes de libelo de sangre a todo lo largo del continente, en particular en países de Europa Oriental como Polonia y Lituania. Estos casos con frecuencia se presentaban en oleadas, con focos destacados tanto en el siglo XV como en el XVI, e incluso hubo algunos a principios del siglo XX. Sin embargo, el culto de Simón y la conspiración que lo acompaña nunca murió en realidad. Tal vez el suceso más conocido sea el ocurrido en mayo de 1934, cuando el tabloide alemán *Der Stürmer* imprimió la ilustración de 1493 sobre la muerte de Simón como propaganda nazi antisemita. Al ver que era una herramienta eficaz para generar miedo y odio, la imagen se convirtió en un elemento frecuente de varias publicaciones y libros nazis y fascistas; el uso más insidioso es el que le dio el libro *Jewish ritual murder, a historical investigation* (Asesinato ritual judío. Una investigación histórica) de Hellmut Schramm, pues justifica la solución final de los nazis.

La Inquisición española: corrupción y confusión

Decir que nadie esperaba la llegada de la Inquisición española es un tanto incorrecto. Como ya hemos visto, se estaba volviendo popular el ideal de una homogeneidad religiosa y cultural, así como la persecución en masa de quienes practicaban el judaísmo. Era casi inevitable que surgiera una especie de terror generalizado provocado por la autoridad, y en 1478 dos monarcas españoles asumieron dicha responsabilidad. El Tribunal de la Santa Inquisición fue establecido por Fernando II de Aragón e Isabel I de Castilla (los Reyes Católicos). El matrimonio había unido efectivamente los reinos separados de España, todo un logro para cualquier gobernante, pero Fernando e Isabel querían más. La pareja le solicitó al papa Sixto IV una bula que le permitiera comenzar una inquisición y erradicar la herejía. Este tipo de inquisición no era nuevo y había estado operando bajo las órdenes de autoridades papales de manera intermitente desde 1184, pero ninguna había tenido el alcance que lograría la Inquisición española.

El antisemitismo en España había alcanzado un punto álgido en 1391, cuando ocurrió una serie de matanzas de poblaciones judías en lugares como Aragón, Sevilla y Valencia. Temiendo por sus vidas, muchos judíos españoles se convirtieron públicamente al catolicismo. Esto supuso un problema para los Reyes Católicos cuando subieron al poder. Como parte de sus esfuerzos para unificar España, querían que todo el mundo profesara una sola religión: el catolicismo. Pero en lo referente a los recién convertidos, conocidos como *conversos*, era difícil saber quién efectivamente se había convertido y quién decía que lo había hecho, pero en secreto continuaba practicando el judaísmo. La Inquisición se estableció para descubrir la verdad, castigar a aquellos que hubieran mentido sobre su religión y asegurar su conversión a la religión apropiada.

¿Cuáles eran dichos castigos? Bueno, contrario a la creencia popular, las ejecuciones no eran cosa común en el programa de castigos y había un muy buen motivo para ello. El castigo predilecto era la confiscación de riqueza y propiedades. Podría decirse que esto era mejor que ser quemado en la hoguera; sin embargo, tenía dos grandes inconvenientes. El primero es que ante la pérdida de todo su dinero y bienes, la gente se convertía en indigente, lo que conllevaba de cualquier forma la amenaza de morir y lo más probable era que fuera de inanición, frío o enfermedades. El segundo problema era que la confiscación se prestaba a la corrupción y al parecer, esto sucedió rápidamente.

A principios de 1482, el papa Sixto IV escribió a los obispos de España después de recibir muchas quejas sobre que los tribunales imputaban cargos falsos para obtener extensas ganancias:

> En Aragón, Valencia, Mallorca y Cataluña, la Inquisición, durante algún tiempo, ha estado motivada, no por el fervor a la fe y la salvación de las almas, sino por la lujuria hacia la riqueza. Muchos cristianos verdaderos y fieles, por el testimonio de enemigos, rivales, esclavos y otras personas inferiores y menos adecuadas, han sido encarcelados en prisiones seculares sin una prueba legítima, han sido torturados y condenados como herejes reincidentes, privados de sus bienes y propiedades, entregados al poder secular para ser ejecutados, en peligro de sus almas, lo que sienta un ejemplo pernicioso y provoca el disgusto de muchos.

Sixto quería detener esto mediante la participación clave de los obispos en la Inquisición, pero a Fernando II no le pareció bien. En cambio, en 1483, trajo a Tomás de Torquemada para nombrarlo inquisidor general para que supervisara la creación de un sistema inquisitorial más regulado que previniera la corrupción y diera mejores resultados.

EL HOMBRE AL QUE LLAMABAN EL DIABLO

Nacido en 1420, Tomás de Torquemada provenía de una familia religiosa, y supuestamente su madre se había convertido del judaísmo al catolicismo antes de que él naciera. Se volvió fraile dominicano y se hizo amigo de la princesa Isabel de Castilla. Fue a través de esta conexión que se relacionó con la familia real, y brindó asesoramiento sobre la Inquisición antes de ser elegido para supervisarla.

Desafortunadamente, Torquemada no hizo menos corrupto el sistema, sino que lo empeoró. Bajo su supervisión, la Inquisición entraba en un pueblo o ciudad y ofrecía un *edicto de gracia*, un periodo de treinta días para que cualquiera confesara sus pecados sin la amenaza de castigo. Este periodo también ofrecía la oportunidad de acusar a cualquiera y dicha acusación se tomaba en serio. Como era de esperar, esto provocó una oleada de confesiones tanto verdaderas como falsas. Después de todo, era mucho mejor cubrirse las espaldas, confesar algo que no habías hecho y hacer penitencia, que no confesar, ser falsamente acusado y enfrentar un castigo más severo. Para aquellos que no confesaron pero sí habían sido acusados, (o que sí habían confesado, pero no lo correcto),

Torquemada recomendaba tortura durante los interrogatorios, lo que a su vez daba como resultado más confesiones falsas. Más confesiones significaban más confiscaciones y, por ende, más dinero. Pero ¿a dónde iba este dinero? La Inquisición funcionaba de cierta forma como un esquema piramidal. La monarquía y el Consejo de la Suprema Inquisición estaban hasta arriba, con una red de tribunales inquisitoriales locales que canalizaban la riqueza. Lamentablemente, no han sobrevivido muchos de los primeros documentos financieros de la Inquisición; sin embargo, se relataba que Fernando e Isabel amasaron supuestamente diez millones de ducados por medio de las confiscaciones.

Conforme crecía la Inquisición, también crecían el miedo y la desconfianza tanto de quienes eran abiertamente judíos como de quienes, se sabía, eran conversos, lo que resultó en un aumento en las teorías de la conspiración. Una idea popular era que los judíos estaban aprovechando la confusión para recuperar a los conversos, mientras que otra teoría, por supuesto, trataba del libelo de sangre. Uno de estos casos, conocido como el Santo Niño de La Guardia, sería un punto de inflexión. A finales de 1491, nueve hombres judíos y conversos fueron quemados en la hoguera por el secuestro y asesinato de un niño para usar sus restos en rituales religiosos. La evidencia era escasa, pues no había un cuerpo ni señales de que el niño hubiera existido en realidad, pero los hombres aceptaron su culpabilidad bajo tortura. Sus confesiones abrieron la puerta para la expulsión de los judíos de España. Se expidió el edicto de Granada a principios de 1492, el cual declaraba que todos los judíos practicantes debían abandonar España o convertirse al catolicismo. El número exacto de judíos que se vieron forzados al exilio es tema de debate, aunque con frecuencia se estima que ronda entre cien mil y cuatrocientos mil. Una vez que se logró expulsar a los judíos, los musulmanes se convirtieron en el objetivo. Después de la conquista y la captura de Granada por parte de los españoles en 1492, Fernando e Isabel terminaron con la supremacía islámica y poco después tuvo lugar un programa forzado de conversiones. Lo anterior resultó en una serie de disturbios entre 1499 y 1500, pues los musulmanes se vieron obligados a elegir entre convertirse al catolicismo o ser expulsados de sus hogares y tierras. Sin embargo, la persecución no terminó ahí, y entre 1609 y 1614, España vigiló el éxodo forzado y gradual de cerca de trescientos mil moriscos (descendientes de musulmanes conversos); una sentencia que con frecuencia terminaba en muerte, ya sea por inanición, frío o asesinato.

La Inquisición española duró de una forma u otra hasta 1834. Resulta que la persecución era bien pagada. La fortuna que los Reyes Católicos amasaron con las confiscaciones fue una nimiedad. En documentos financieros posteriores, podemos ver que el flujo de dinero variaba, pero cuando había, era con creces. Por ejemplo, en 1678, una avalancha de arrestos en Mallorca arrojó la enorme cantidad de dos millones y medio de ducados en confiscaciones. Tal vez esto es parte del motivo por el que ahora se cree que fue increíblemente bajo el número de ejecuciones formales llevadas a cabo como resultado directo de las inquisiciones. Historiadores modernos estiman que en el clímax de estas muertes oficiadas por el Estado, entre 1480 y 1530, se ejecutaron entre mil y dos mil personas y se calculan otras mil entre 1530 y 1826. La corrupción y la avaricia habían mostrado ser una opción mucho mejor.

Malleus maleficarum *y la invención de la brujería*

Nuestra tercera y última adición a este canon de libros que nunca deberían haber visto la luz ha tenido quizá la influencia más grotesca de todos, pues llevó a la muerte de miles de personas inocentes. La idea de la magia y la brujería ha existido desde hace mucho tiempo en muchas culturas; de hecho, ya la mencionamos en los relatos de la emperatriz Wu y en la caída de los caballeros templarios. Pero la brujería no era algo que estuviera necesariamente ligado con el crimen de herejía y el diablo. Esto comenzó a cambiar en el siglo XIV, cuando la idea de magia «erudita» llegó a Europa Occidental y los clérigos comenzaron a explorar los textos griegos y árabes que incluían alquimia, astrología y conducta espiritual. La Iglesia católica no era precisamente aficionada a este nuevo interés en la magia y alrededor de 1324 empezó a catalogar a la brujería como herejía. Curiosamente, este concepto apareció en una especie de manual de «Inquisición para principiantes» escrito por el inquisidor papal Bernardo Gui, quien en realidad nunca había realizado un juicio por brujería y por tanto, tuvo que inventar las señales que deberían buscar los inquisidores.

Llegada la década de 1430, el miedo y la fascinación habían subido de nivel. Mientras que Gui se había inventado la lista de verificación de brujería sobre la marcha, ahora múltiples eruditos por toda Europa escribían libros enteros dedicados a la brujería y a los peligros de la magia. El más notable fue el quinto libro de la serie de Johannes Nider «Formicarius»: *Fantasmas, brujería, endemoniados y exorcismo*. En realidad, fue Nider quien dejó de usar el término *hechicería* para comenzar a utilizar *brujería* y lo ligó directamente a las prácticas demoniacas. Para consolidar sus hallazgos, el libro incluía una entrevista con una supuesta bruja de Suiza y, por supuesto, una lectura tan jugosa se propagó rápidamente. No obstante todo este interés y fervor, seguía sin haber un consenso claro sobre lo que eran las brujas y cómo detenerlas. Aunque hubo algunos juicios en ese momento, la idea que tenía la gente sobre las brujas variaba tanto que no se extendió. Todo eso estaba a punto de cambiar gracias a un hombre llamado Enrique Kramer.

Decir que Kramer fue un personaje cuestionable sería quedarse corto. Clérigo alemán e inquisidor papal, tenía reputación de mentiroso y ladrón, incluyendo un cargo por robo en 1475 y otro por malversación de fondos de guerra en 1482, ambos amablemente encubiertos por el papado. El trabajo principal de Kramer era encontrar herejes, pero alrededor de 1480 se obsesionó con la idea de la brujería y se volvió un poco rebelde. Viajó a Ravensburg en el sur de Alemania en el otoño de 1484; una vez ahí, no perdió el tiempo y se dedicó a dar apasionados sermones sobre los peligros de la brujería demoniaca. En cuestión de días ya se encontraba presidiendo los juicios de ocho mujeres, quienes fueron declaradas culpables por ser brujas. Mientras ardían en la hoguera, Kramer se dio cuenta de que había dado en el clavo de algo grande: la cacería de brujas. Desafortunadamente para él, de inmediato se topó con una barrera: Kramer pudo haber dicho que matar a esas ocho brujas culpables era lo que se debía hacer, pero en realidad no había ningún antecedente legal y ahora las autoridades locales de Ravensburg estaban armando un alboroto. Kramer viajó a Roma en el invierno de 1484 con la esperanza de arreglar esta dificultad y solicitó a la autoridad papal que procesara a las brujas. El papa Inocencio VIII aceptó su solicitud y emitió la bula papal *Summis desiderantes affectibus* (Desear con fervor supremo), en la que reconocía de manera oficial la existencia de las brujas y les otorgaba a los inquisidores el derecho de procesarlas como juzgaran conveniente.

En 1485, Kramer se preparaba para su siguiente gran juicio, en esta ocasión en la ciudad austriaca de Innsbruck. Se acusó a 14 personas de brujería, incluyendo a una mujer llamada Helena Scheuberin. Kramer y Scheuberin ya se habían cruzado: cuando llegó a Innsbruck, ella había exhortado a la comunidad a no acudir a sus sermones e incluso había sugerido que él era el brujo; después de todo, él era el obsesionado. Kramer la acusó de utilizar la brujería para cometer asesinato, y como evidencia se inmiscuyó en su vida íntima y la acusó de inmoralidad sexual; esto no fue bien recibido en el juicio. Las autoridades de Innsbruck estaban indignadas con él por utilizar la vida sexual de una mujer como medio para probar su supuesta brujería. Lo anterior podría parecer sorprendente para 1485, en especial cuando los derechos de las mujeres eran mínimos, si acaso existían, y para las autoridades no era en realidad una situación de equidad de género, sino de lo que se consideraba herejía. Kramer podía decir que la vida sexual de Scheuberin demostraba que era hereje, pero se trataba únicamente de su palabra. Él estaba ahí para encontrar brujas, no para castigar a las mujeres basado en su parámetro arbitrario de lo que debía ser el correcto comportamiento femenino y, por tanto, fue absuelta. Kramer estaba furioso y no permitiría que esto quedara sin respuesta. Entonces, se quedó cerca de Innsbruck para recolectar (y en ocasiones fabricar) su propia evidencia, acosaba testigos e intentó (y fracasó) arrestar sospechosos, hasta que, al final, lo expulsaron de la ciudad en 1486. Aun así, no podía dejar pasar esta derrota, por lo que viajó a Colonia para escribir su obra maestra.

PENAS Y PROBLEMAS

Aunque tal vez hoy en día son la cacería de brujas más conocida, los juicios de Salem en realidad tuvieron una de las tasas más bajas de ejecuciones con 19 personas encontradas culpables y colgadas entre 1692 y 1693. En el siglo XVII, lo que ahora es Alemania tuvo su propia avalancha de juicios, incluyendo Fulda, donde se estima que murieron unas 250 personas; Wuzburgo, que fue testigo de 157 ejecuciones confirmadas y un estimado de novecientas muertes por todo el principado episcopal; y Bamberg, donde novecientas personas perdieron la vida entre 1626 y 1632.

Malleus maleficarum se publicó en 1487 y se encuentra dividido en tres secciones:

1. Por qué las brujas son reales y están unidas al diablo
2. Cómo es que las brujas practican magia peligrosa
3. Qué pueden hacer los inquisidores para descubrir a una bruja, obtener su confesión y, lo más importante, ejecutarla

Kramer tomó prestada mucha información del libro del auge entre los estudiosos de brujas de la década de 1430, incluyendo grandes fragmentos del *Formicarius* de Nider. Además, él y su compañero inquisidor, Jacob Sprenger, investigaron el mundo de los mitos y el floklore, de donde extrajeron cuentos tradicionales y los transformaron para que encajaran en su clasificación de brujas. Un ejemplo de ello fue el *Bonae res*, una colección de relatos del siglo XIII de mujeres que podían volar, atravesar puertas cerradas con llave y que con frecuencia dejaban regalos amistosos en forma de comida sobre las mesas (ahora, las brujas de Kramer volaban y atravesaban puertas pero no dejaban regalos, ya que eso no es muy demoniaco que digamos). Y para reafirmar estas declaraciones estaban sus reportes personales sobre la brujería, los cuales muy probablemente fueron inventados, pues hay pocos indicadores de que hubiera estado involucrado en algún juicio de brujas antes de 1484. Como era de esperar, dada la humillación que sufrió en Innsbruck, *Malleus maleficarum* también detalla cómo las mujeres, al ser el sexo débil, son más propensas a la brujería que los hombres. La candidata más común es aquella mujer franca, con mala reputación, un gran ímpetu sexual o con rumores de una vida sexual más allá de los límites del matrimonio. No se necesitaba evidencia concreta para presentar cargos, era suficiente con un rumor, y cuando no se conseguía una confesión, Kramer proponía la tortura o mentir a la condenada para obtenerla.

El libro tuvo un éxito arrollador. Ya anteriormente se habían publicado tratados sobre brujas, pero ninguno con una bula papal (*Summis desiderantes affectibus)* incluida en la portada. Kramer dejó muy claro que la brujería era una gran, sino es que la mayor, amenaza para la Iglesia, la religión y todo buen cristiano. Este llamado a las armas fue aceptado en toda Europa y tuvo lugar una cacería de brujas desenfrenada desde la publicación del libro hasta finales del siglo XVII. La biblia del cazador de brujas era el *Malleus maleficarum*, pero las clasificaciones de Kramer de las brujas se construirían con el tiempo, con adiciones como las marcas en los cuerpos de las incriminadas como método de identificación. Se estima que se asesinaron unas cincuenta mil personas, la mayoría mujeres. Toda esta histeria y muerte por un hombre y su incapacidad para olvidar un fracaso.

El mito de la papisa Juana

Se dice que reinó Roma durante la Edad Media. La papisa Juana ha sido denominada desde «un encubrimiento católico» hasta una mártir feminista olvidada. El relato de su corto pontificado entre 855 y 857 fascinó al público medieval y casi ayudó a poner de rodillas a la Iglesia católica durante la Reforma; pero ¿la papisa Juana realmente existió?

Los orígenes de su existencia están repletos de lo que, en el mejor de los casos, puede describirse como señales de alarma históricas. La primera mención aparece en 1255, siglos después de su supuesta vida.

El dominico Jean de Mailly escribe sobre un papa del cual se descubrió que era mujer cuando dio a luz en plena calle y la gente se arremolinó a su alrededor para matarla a pedradas. Durante los siguientes veinte años aparecieron otros dos relatos importantes, ambos diferentes. El primero fue el de otro dominico, Esteban de Borbón, quien afirma que su «asombroso golpe de audacia o más bien de locura» ocurrió en el año 1100. Sin embargo, entre 1265 y 1277, el también dominico Martín de Opava movió el relato a alrededor del año 855 en su *Crónica de los papas y emperadores*. De hecho, es la versión de De Opava la que se volvió más popular y sobre la que se basaron las demás: Juana, una mujer inglesa nacida en Mainz, y su amante, fueron a Atenas donde ella vivió como un hombre llamado John. Famosa por su inteligencia sin paralelo, Juana fue elegida como papa de manera unánime, un cargo que mantuvo «dos años, siete meses y cuatro días». Durante una procesión, Juana entró en labor de parto y dio a luz «en una calle estrecha entre el Coliseo y San Clemente» y murió poco después. De Opava explica que no hay registros papales de Juana «debido a la deformidad del sexo femenino».

Como ya hemos visto, la validez de los relatos históricos es con frecuencia dudosa cuando surgen de la nada siglos después de los acontecimientos. Las sospechas crecen aún más cuando esos relatos cambian tanto en cada nueva versión que las situaciones se van basando cada vez menos en hechos históricos y se convierten más en un experimento de la rumorología académica. Este es el caso de la papisa Juana. Más allá de estos primeros relatos, en realidad no hay mucha evidencia de su existencia y la que ofrecen Mailly, Borbón y De Opava es endeble, en el mejor de los casos. No obstante, hay ocasiones en la historia en que no importa si un relato es mentira si es entretenido y entonces, el mito de la papisa Juana se convirtió en hecho.

De manera similar a cuando la leyenda artúrica de Godofredo de Monmouth se ganó un lugar en la mesa histórica, la reacción en cadena en un inicio no fue tan grande. Se puede decir que más allá de avergonzar a la Iglesia católica, el único golpe notable fue el rumor medieval de que, gracias al engaño de la papisa Juana, todos los papas electos debían sentarse en una silla especial con un orificio en forma de llave para que se pudieran revisar sus genitales. Curiosamente esa silla sí existió, pero el orificio era representativo de un inodoro (una especie de metáfora de los orígenes humildes del nuevo papa y que también mostraba que incluso él era humano). No obstante, conforme pasaron los años, la leyenda de Juana se expandió más allá de las fábulas estudiantiles sobre sillas con tal propósito y se convirtió en una amenaza real para la Iglesia católica.

El reformista religioso del siglo xiv, Jan Hus, fue uno de los primeros en usar a Juana para presionar en contra de la supremacía papal. Argumentaba que el tiempo de Juana como papa demostró que en realidad Dios no ordenaba a cada papa o que la Iglesia había operado conscientemente sin un líder designado por orden divina. La posición de Hus en contra de la Iglesia terminó finalmente con su ejecución en 1415; sin embargo, sus ideas sobre la papisa Juana no murieron con él. En ese tiempo, nadie creía que una mujer pudiera gobernar legítimamente como papa, mucho menos una que era famosa por tener un amante, dar a luz fuera del lecho matrimonial y disfrazarse de hombre. Entonces, si la papisa Juana era real, englobaba enormes fallas dentro del funcionamiento de la Iglesia católica. Si no era real (bueno, eso no importaba en realidad, ya que la Iglesia nunca había dicho que no lo fuera) era el instrumento perfecto para golpearlos.

Durante el siglo xvi, la Iglesia católica enfrentó muchas críticas por parte de los reformistas religiosos que cuestionaban sus enseñanzas así como por los incidentes de corrupción y los abusos de poder. La papisa Juana se convirtió en la personificación de todo lo que los reformistas encontraban mal en la Iglesia y los argumentos de Jan Hus eran su punto central. Sin embargo, como en todo lo relativo a la papisa Juana, la gente no podía evitar añadir detalles a su historia. Se quitaron las menciones a su brillantez intelectual y en su lugar, se añadió mucho sobre su supuesta inmoralidad sexual (y por consiguiente, de la Iglesia).

El dramaturgo John Bale declaró que el bebé al que dio a luz Juana era hijo del capellán; el obispo de Salisbury argumentó en 1560 que se le debía dar un lugar en la historia papal ya que había sido tan depravada como cualquier otro de sus pares, por ejemplo Juan XIII, quien supuestamente había cometido incesto. Pronto las cosas escalaron aún más, pues varios reformistas, como Pietro Paolo Vergerio, decían que Juana en realidad había sido una nigromante y una bruja, y que el diablo le había facilitado ser nombrada papisa.

ARTEFACTOS FALSOS PARA UN PAPA FALSO

Conforme se fue popularizando el mito, comenzaron a aparecer muchos objetos que intentaban probar la existencia de Juana: monedas, bustos y otras reliquias. Todo esto contribuyó a mantener viva la leyenda, y hasta la fecha, algunos historiadores y arqueólogos buscan demostrar que la papisa fue real; lamentablemente, hasta el momento, ninguno ha tenido éxito.

Cuando la fábrica de rumores reformista se salió de control, los autores católicos romanos intentaron demostrar su inexistencia, pero nada pegó. Finalmente, en 1601, el papa Clemente VIII declaró que no era verdad que hubiera existido una papisa Juana. Aun así, los reformistas siguieron utilizándola en su lucha contra la Iglesia. Al final, la Reforma Protestante ganó y provocó la división en lo que ahora se conoce como la Iglesia católica romana y el protestantismo. Sería hasta el siglo XVII que se demostraría que era un mito, irónicamente gracias al historiador protestante David Blondel.

Perkin Warbeck: el gran impostor

Inglaterra estuvo atrapada en una serie de sangrientas guerras civiles entre 1455 y 1485, conocidas como la guerra de las Dos Rosas. El reinado incompetente de Enrique VI había dado como resultado la pérdida de tierras y riqueza, mientras que la corrupción infectaba la corte. Enrique sucumbió en 1454 a una psicosis repentina que lo dejó catatónico y apenas funcional; por supuesto no podía gobernar. Esto condujo a una lucha de poder por el papel de lord protector, que iba y venía entre facciones rivales de la casa real de Plantagenet, a través de una verdadera procesión de conspiraciones y complots. Al final, estalló una guerra sin cuartel entre las casas de York (la rosa blanca) y Lancaster (la rosa roja).

Cuando Eduardo IV murió en 1483 comenzó a vislumbrarse una conclusión para la batalla que ya llevaba décadas. La corona pasó a su hijo Eduardo V, quien con 12 años era demasiado joven para gobernar; entonces el hermano de su padre, Ricardo, se convirtió en lord protector hasta que el niño cumpliera la mayoría de edad. Sin embargo, Ricardo quería el trono para sí e hizo que encerraran a Eduardo y a su hermano de 8 años Ricardo de Shrewbury, duque de York, en la Torre de Londres. El ahora tristemente famoso Ricardo III fue coronado en julio de 1483 y el pequeño príncipe desapareció de forma misteriosa (casi con seguridad fue asesinado). Como era de esperar, la mayoría de la gente no estaba encantada por la forma en la que Ricardo había llegado al trono y su derecho para gobernar era, en el mejor de los casos, escaso. Enrique Tudor vio esta situación como una oportunidad para reclamar el trono. En agosto de 1485, los dos lados se encontraron una vez más en la batalla de Bosworth. Ricardo III fue vencido y ejecutado, y el nuevo rey de Inglaterra era Enrique Tudor. Apenas una década más tarde su reinado fue puesto en duda por un aspirante llamado Perkin Warbeck.

LAMBERT SIMNEL

Warbeck fue el segundo impostor que más amenazó a Enrique VII, quien ya había enfrentado un intento previo con Lambert Simnel, un niño que primero fue presentado como Ricardo de York, y luego como Eduardo de Warwick. Simnel estuvo en el centro del atentado de York para derrocar al nuevo rey en 1487. El ataque fracasó y el jovencito terminó convertido en ayudante de cocina en la corte del rey.

No se sabe mucho de los primeros años de Perkin Warbeck. Nació alrededor de 1474 en una familia pobre en Flanders y después trabajaría como sirviente y aprendiz en Amberes. Alrededor de 1491, su trabajo lo llevó a Cork, Irlanda, y fue ahí donde la gente empezó a darse cuenta de que, si entrecerraban los ojos, Perkin Warbeck se parecía un poco a los Plantagenet. El motivo exacto por el cual Warbeck comenzó a afirmar que era un heredero al trono inglés es confuso; sin embargo, primero dijo ser Eduardo Plantagenet, el XVII conde de Warwick, hijo de Jorge Plantagenet, hermano de Eduardo IV y Ricardo III. Desafortunadamente, esto habría sido muy difícil ya que Warwick en ese momento estaba prisionero en la Torre de Londres, donde lo habían mantenido desde 1485. Entonces, Warbeck cambió su afirmación y ahora era el príncipe perdido más joven, Ricardo de York. Según él, su hermano mayor, Eduardo, efectivamente había sido asesinado, pero él no debido a su juventud e inocencia. Desde entonces había vivido en secreto en Europa, pero había regresado y estaba listo para reclamar el trono inglés.

La historia de Warbeck era increíblemente absurda por decir lo menos. Aparte de las declaraciones contradictorias sobre su identidad, seguía aprendiendo a hablar inglés, algo un poco sospechoso considerando que, si se creía su historia, había dejado Inglaterra cuando tenía 9 años. Aun así, a los que buscaban derrocar a los Tudor, Warbeck y su historia les resultaron bastante útiles. Durante los siguientes años, Warbeck fue enviado a las grandes cortes europeas y fue aceptado como Ricardo de York por Carlos VIII de Francia y por Maximiliano I, emperador del Sacro Imperio Romano. Incluso Margarita de Borgoña, la hermana de Eduardo IV, llegó a afirmar que Warbeck era su sobrino, aunque lo más probable era que esto fuera no tanto porque le creyera, sino porque quería recuperar el trono de su familia, por no mencionar que Enrique Tudor había matado a su esposo.

En julio de 1495 y con la ayuda de Margarita de Borgoña, Warbeck partió para conseguir su corona. Sin embargo, cuando llegó al pueblo inglés de Deal, se encontró con una fuerte resistencia de las fuerzas locales leales al rey Tudor Enrique VII. Warbeck huyó rápidamente a Irlanda, donde sus fuerzas intentaron invadir Waterford, pero fracasó una vez más. En esta ocasión corrió con la cola entre las patas a Escocia, en donde le dio refugio el rey Jacobo IV. Al igual que el rey de Francia, lo más probable es que Jacobo IV no creyera la historia de Warbeck, pero lo convertía en un excelente peón para socavar el nuevo gobierno de los Tudor e intentar ganar territorios ingleses. En septiembre de 1496, con el apoyo de los escoceses, tuvo lugar otra invasión a Inglaterra y, una vez más, fue un gran fracaso. Las tropas escocesas la usaron como una invasión de fronteras, mientras que nunca se presentaron los partidarios yorkistas en los que había confiado para que se levantaran en su nombre. Sin embargo, la clave para un intento final por ganar la corona se presentó en 1497. En junio de ese año, Cornualles había sido testigo de una rebelión en contra de la Corona como respuesta al aumento de impuestos de Enrique VII. Al parecer, ansioso por deshacerse del fracaso que era Perkin Warbeck y dejar que fuera el problema de alguien más,

Jacobo IV lo urgió a unirse al levantamiento y a que formara su propio ejército. Llegó a la costa de Cornualles en septiembre y logró reunir una fuerza de varios miles de hombres. Sin embargo, la mayor parte de este nuevo ejército no tenía armas, y entonces, cuando se encontraron con las fuerzas del rey, todo terminó.

Enrique VII fue duro con los rebeldes de Cornualles y ejecutó a sus líderes, pero decidió perdonar a Perkin Warbeck. Para ese momento, Warbeck había admitido no ser Ricardo de York, sino un tipo cualquiera de Flanders y entonces Enrique VII lo mantuvo en su corte. Warbeck era prisionero, pero no estaba encarcelado y no había sido condenado a muerte; de hecho, tenía cierta libertad dentro de la corte (en cuanto a prisioneros se refiere, este tenía una vida muy cómoda). Aun así, Warbeck intentó escapar en 1498 e inmediatamente fue enviado a la Torre de Londres. Ahí conoció a Warwick, el hombre que había fingido ser en un inicio. Esto no resultó positivo para este. El último heredero sobreviviente de la casa Plantagenet fue hecho prisionero en la Torre desde los

10 años, y vivió tranquilamente durante los 13 que habían transcurrido, tal vez debido al hecho de haber sido confinado desde tan temprana edad, lo que quizá provocó que Warwick perdiera el contacto con la realidad. No obstante, Warbeck había demostrado que cualquier heredero de la casa Plantagenet, verdadero o falso, era una amenaza que no podría ser contenida. A principios de 1499 surgió otro supuesto Warwick y aunque se reprimió rápidamente, Enrique VII decidió que ya era suficiente. De pronto se descubrió un complot, muy probablemente inventado, en el que Warbeck y Warwick intentarían escapar de la Torre. Una vez asentado el pretexto, Enrique Tudor ordenó la muerte de ambos hombres y fueron ejecutados en noviembre de 1499. La amenaza Plantagenet había muerto y el reinado de los Tudor estaba consolidado.

La donación de Constantino

Como ya hemos visto, el siglo XV estuvo lleno de momentos que darían inicio a movimientos que durarían varios siglos: la Inquisición española, la cacería de brujas en Europa y la histeria del libelo de sangre. Pero hubo otro momento, otra mentira que, aunque en un inicio fue discreta, después demostraría ser igual de explosiva.

Nacido en 1406, el erudito italiano Lorenzo Valla no se parece en nada a los personajes que hemos conocido hasta el momento. A Valla le fascinaba la idea de la verdad y el papel que juega la retórica en cómo nosotros, como individuos, entendemos los hechos y la ficción. En 1439 escribió *Dialectical Disputations* (Debates dialécticos), libro en el que argumenta que la verdad no necesariamente proviene de hechos o eventos, sino de lo que se nos presenta, como una especie de propuesta de verdad de la que podemos escoger. Por ejemplo, sabemos que el *Malleus maleficarum* no es verdad; es una caja de sorpresas del folklore del mundo académico medieval y los pensamientos al azar de Enrique

Kramer. Pero podemos creer que es verdad que el mundo a nuestro alrededor con frecuencia está lleno de incógnitas y que la lógica que presenta Kramer llena esos huecos. Y si lo entendemos como cierto, entonces, para nosotros es verdad. Esta era una idea increíblemente moderna, en especial en el siglo xv y como era de esperar, no le ganó muchos amigos a Valla (en particular dentro de la Iglesia). De hecho, le valió la reputación de ser tanto un hereje profesional como un trol (como lo llamaríamos hoy). Su trabajo fue tan incendiario y arrojaba tantas preguntas a la Iglesia que, seguramente lo había hecho para llamar la atención; algunos eruditos solo querían ver el mundo arder. Es probable que fuera esta visión sobre el trabajo de Valla la que condujera a que fuera desacreditado su descubrimiento más importante.

En 1440, Valla estaba trabajando para Alfonso V de Aragón, rey de Nápoles. Alfonso se encontraba en medio de una acalorada disputa con el papa Eugenio IV sobre las pretensiones del estado papal sobre su reino, específicamente en Nápoles. Eugenio insistía en que el papado tenía derechos sobre las tierras de Alfonso gracias a un decreto del siglo iv conocido como *La donación de Constantino*. Según el papado, el emperador Constantino I le había otorgado toda la parte occidental del Imperio romano como agradecimiento al papa Silvestre I por haberlo curado de manera milagrosa de lepra. Curiosamente, la Iglesia no hizo nada con dicho decreto durante varios siglos, pero cuando lo hizo, se fue con todo. El decreto resultaba extremadamente útil para consolidar poder, pues le aseguraba a la Iglesia el control sobre la élite eclesiástica de los países involucrados y, por supuesto, obtenía y mantenía tierras. Al parecer de Alfonso, *La donación de Constantino* era demasiado buena para ser verdad, por lo que le encargó a Lorenzo Valla que investigara sus sospechas.

Valla no necesitó mucho tiempo para descubrir que el decreto era una falsificación (lo habían creado en el siglo viii). Encontró que el lenguaje utilizado en el documento no coincidía con el usado en el siglo IV; señaló que tenía tantas imprecisiones que el papado tenía que saber que era falso, tal vez porque lo habían fabricado ellos mismos. Valla puso sus descubrimientos en un manuscrito, *Discourse on the Alleged Donation of Constantine* (Discurso sobre la presunta donación de Constantino) y no fue nada sutil al plasmar sus alegatos:

> Desde hace unos siglos ya, o no sabían que la *Donación de Constantino* es espuria y falsificada, o ellos mismos la falsificaron y sus sucesores van por el mismo camino del engaño que sus antecesores han defendido como cierto… confunden todo con asesinatos, desastres y crímenes. Afirman que la ciudad de Roma es de ellos, así como el reino de Sicilia y el de Nápoles, toda Italia, los galos, los españoles, los alemanes, los británicos, de hecho, todo el occidente, pues todos estos están contenidos en el mismo instrumento de la donación.

Pero antes de que el trabajo de Valla pudiera salir a la luz siquiera, la Iglesia lo desprestigió; a fin de cuentas, se trataba de Lorenzo Valla que una vez más, solo buscaba atención.

El manuscrito de Valla fue publicado finalmente 77 años después, en 1517, y en los años que siguieron sería leído por algunas de las figuras europeas más importantes del momento. Tal vez su lector más influyente fue el sacerdote y teólogo alemán Martín Lutero, quien retomó el trabajo de Valla en 1520. Tres años antes, Lutero había puesto en marcha lo que se llegaría a conocer como la Reforma Protestante (o Reformación europea) con la publicación de *Las 95 tesis*, una larga lista de asuntos con la Iglesia católica, entre los cuales estaba el hecho de que la gente podía comprar la absolución de sus pecados después de la muerte entregando dinero a la Iglesia.

PADRE DE LA REFORMA

Martín Lutero, una de las figuras más influyentes del siglo XVI, se convirtió en monje en 1505 después de que casi lo golpeara un rayo. Sus críticas a la Iglesia impulsarían la Reforma y el desarrollo de la religión protestante. Sin embargo, en sus últimos años escribió discursos retóricos en contra de los judíos, que alimentaron la ideología antisemita, algo que puede encontrarse incluso en el Tercer Reich.

Cuando Lutero leyó el trabajo de Valla, lo vio como otra señal de que la Iglesia católica se estaba volviendo demasiado corrupta, pues fabricaba sus propias verdades para sacar partido o mantener el poder y escribió: «*La donación de Constantino* es una falsificación. ¡Santo cielo! ¡Cuánta oscuridad y maldad reinan en Roma! ¡Hace que te cuestiones el juicio de Dios al ver que tantas mentiras vulgares y descaradas no solo hayan existido, sino que hayan prevalecido durante tantos siglos!». La Iglesia lo excomulgó en 1521 y lo declaró hereje, pero, a diferencia de lo sucedido con Valla, no pudieron suprimir tan fácilmente su voz. Gracias a la invención de la imprenta, las obras de Lutero en las que llama corrupta y mentirosa a la Iglesia se pudieron leer como nunca antes. Sus panfletos y libros se podían encontrar en pueblos y ciudades a lo largo de toda Europa, y abrieron las puertas a nuevas ideas sobre religión y crítica de la alguna vez todopoderosa Iglesia católica. La Reforma Protestante había comenzado.

La conquista azteca

En el siglo XVI, conforme avanzaba la Reforma, España se volvió una especie de sinónimo de crueldad, atrocidad y opresión. Eran los villanos de Europa y del mundo en general. La idea de que eran unos fanáticos religiosos, quienes habían demostrado su brutalidad durante la Inquisición, fue popularizada prominentemente en el libro de 1567 *Sanctae Inquisitionis Hispanicae Artes* (Las artes de la Inquisición española). El libro contenía una ilustración que representaba cómo miles y miles de personas fueron torturadas y ejecutadas durante la Inquisición. Ahora bien, esto era una falacia; como ya sabemos, aunque se ejecutó a un gran número de gente durante este periodo, las cifras reales fueron mucho más bajas que las que se iban a popularizar a partir de este momento. Adicionalmente, debido a la histeria focalizada por la exageración de las quemas en masa, se perdió la difusión de la expulsión de los judíos y los musulmanes de España. Después de todo, los cuentos de ejecuciones sangrientas de inocentes son mucho más llamativos de manera inmediata que la opresión sistemática y expulsión de grupos religiosos. Y esto se convirtió en la narrativa fija de la Inquisición española, que no era tan cierta, pero que horrorizaba con mayor facilidad al lector por su naturaleza visceral, sin tener que adentrarse en las complejidades de la corrupción, la avaricia y el racismo.

Lo anterior dio a luz a lo que se conocería en el siglo xx como la Leyenda Negra (una versión falsificada de los aspectos más oscuros de la historia de España). Este giro de los hechos históricos pronto iría más allá de la Inquisición y la Reforma para llegar a abarcar las atrocidades coloniales, particularmente aquellas alrededor de la conquista española del Imperio azteca. Esta es la narrativa más popular de la conquista que encontrarás en muchos libros de historia: en 1519, cientos de conquistadores españoles liderados por Hernán Cortés, llegaron a Tenochtitlan, la capital azteca. Cortés se encontró con el emperador Moctezuma en noviembre, quien creía que los conquistadores eran dioses y, básicamente, entregó su imperio y de inmediato lo pusieron en arresto domiciliario. Aunque los aztecas se levantaron, el poderío de los europeos los sofocó con rapidez y se apoderaron de su riqueza y tierras, los mataron tanto con la espada como con una guerra involuntaria de gérmenes: la viruela. Para el 13 de agosto de 1521, Tenochtitlan había caído en manos españolas: la conquista había sido un éxito.

TENOCHTITLAN

Tenochtitlan, la capital del Imperio azteca, fue fundada en 1325. Dividida en cuatro cuadrantes alrededor de un centro, fue una de las ciudades más majestuosas del mundo. Incluso los conquistadores tuvieron problemas para describir lo grandioso de su arquitectura y sus maravillas culturales. Se estima que la ciudad habría sido hogar de entre doscientas y cuatrocientas mil personas.

Como han argumentado los historiadores Matthew Restall y Camilla Townsed, este recuento popularizado está basado más en mitos que en hechos. Además, fue distorsionado en parte por la obsesión en los siglos XV y XVI en la Leyenda Negra y en que España siempre tramaba algo terrible, pero también se vio empañado por las opiniones europeas sobre la cultura y las sociedades ajenas a ellos, que despojaron las partes de la cultura azteca que fueron consideradas demasiado distintas para comprenderse completamente. De manera muy parecida a la Inquisición, se creó un cuento mucho más simplista. Los villanos —España— masacraron un imperio completo y las víctimas —los aztecas— fueron demasiado inocentes y estaban mal armadas para repeler semejante poder europeo. Esta visión le ha hecho un daño considerable a nuestro conocimiento histórico compartido.

Antes de que nos adentremos en la historia real, sería bueno tener una idea de cuán profundo es este hueco de desinformación. Un gran ejemplo es el conocimiento popular sobre la práctica de los aztecas del sacrificio humano, mucho del cual se ha desentrañado en dos direcciones diferentes pero igualmente incorrectas. Los primeros reportes del uso del sacrificio de los aztecas llegaron desde España después de la conquista y por lo mismo, muchos historiadores los vieron como exageraciones diseñadas para justificar las acciones de los españoles. El otro enfoque tomó estos informes como hechos, pero ignoró gran parte del significado cultural azteca en torno a la religión y las ofrendas; en cambio, creó una noción exagerada y a menudo inventada de un barbarismo sangriento y desenfrenado. Por fortuna, las excavaciones arqueológicas recientes de los restos de Tenochtitlan (que se encuentra debajo de la Ciudad de México) están cambiando esta narrativa. En 1521, el conquistador Andrés de Tapia describió haber visto una torre formada por cráneos de sacrificados cerca del Templo Mayor, uno de los templos principales de la ciudad, que fue diseñado para inspirar miedo en los enemigos. Esto se descartó como propaganda española, sin embargo, en 2017, se desenterró la torre (que consistía de cerca de 650 cráneos). Trabajos arqueológicos adicionales, también en Tenochtitlan, han revelado muchas otras muestras de sacrificio, que son notables por incluir no solo los restos de los hombres sacrificados y guerreros capturados, sino también de mujeres y niños (algo que sorprendió a los arqueólogos ya que históricamente no se consideraba que estos últimos fueran parte de los sacrificios que estaban enfocados en lo militar). Por lo tanto, los españoles no mentían y todavía no sabemos todo sobre el funcionamiento del Imperio azteca. Entre el mito y la verdad de la conquista azteca, todavía queda mucho por descubrir, pero existen algunos factores que sí conocemos y que van en contra de casi todas las crónicas populares.

Cuando Cortés y Moctezuma se encontraron a principios de noviembre de 1519, el emperador no entregó su imperio. En cambio, siguió gobernando cuando menos varias semanas más, si no es que meses. Moctezuma era consciente de Cortés y sus conquistadores ya que los había estado vigilando desde que llegaron a México. Antes de llegar a Tenochtitlan, Cortés y sus hombres habían pasado unos meses atacando gente, intentando forjar alianzas, forzando conversiones, esclavizando y cometiendo masacres esporádicas. Ninguno de los grupos con los que se habían cruzado los españoles los había confundido con dioses (tal vez los consideraron maniáticos, pero no dioses). En septiembre de 1519, Cortés formó una alianza con el estado náhuatl de Tlaxcala, que había estado involucrado durante décadas en una guerra intermitente con el Imperio azteca, las denominadas guerras Floridas o Xochiyáoyotl. En efecto, en noviembre, Cortés, acompañado por los tlaxcaltecas, se encontró con Moctezuma. Para ese momento, Moctezuma había pasado meses intentando decidir el mejor curso de acción. No quería una guerra, así que les dio la bienvenida a los españoles para conseguir más información sobre ellos. Las relaciones fueron tensas hasta abril de 1520, cuando le informaron a Moctezuma que una flota de barcos españoles se dirigía a Tenochtitlan. Pero los barcos no iban a invadir, iban por Cortés.

En 1518, Diego Velázquez, el gobernador de Cuba, le había dado permiso a Cortés para hacer una expedición hacia México; sin embargo, después cambió de opinión. Entonces, cuando Cortés llegó a México en 1519, lo hizo sin permiso español. Ahora bien, en abril de 1520, Velázquez había mandado una flota bajo las órdenes de Pánfilo de Narváez para encontrar y detener al ruin de Cortés. Al enterarse que venía una flota, Moctezuma le ordenó a su gente que se preparara para la guerra, pero Cortés (consciente de que se había acabado el juego y de que dos grupos españoles rivales estaban a punto de enfrentarse) de manera impulsiva tomó a Moctezuma como rehén y lo hizo su prisionero. Esperaba que esto le demostrara a Narváez que tenía el control del Imperio azteca y con ello ganarse su lealtad. En mayo, Cortés dejó Tenochtitlan para viajar a Zempoala, lugar donde se encontraban Narváez y sus hombres; ahí venció rápidamente a Narváez: los enemigos o se unieron a Cortés o fueron hechos prisioneros. Sin embargo, durante la ausencia de este, su segundo al mando, Pedro de Alvarado, provocó una revuelta en Tenochtitlan. Durante las celebraciones del festival Tóxcatl, los españoles masacraron a los nobles y guerreros dentro del Templo Mayor. Al darse cuenta de que la ciudad entera estaba en su contra, los españoles y los tlaxcaltecas restantes se refugiaron en su fortaleza, mientras que los mexicas los asediaban desde el exterior.

Aunque estaba aprisionado, Moctezuma sabía que llegarían más fuerzas extranjeras, demasiadas para que su gente pudiera combatirlas sin que la pérdida de vidas resultara excesiva. Era el trabajo de cualquier líder náhuatl, ya fuera jefe o emperador, poner en primer lugar la vida de su gente para que pudieran seguir adelante. De esta manera, Moctezuma declaró a los mexicas que se encontraban peleando: «no estamos a su altura». Esto después se sacaría de contexto e incluso con frecuencia se ubicaría más adelante en la línea de tiempo, para demostrar que Moctezuma estaba renunciando al imperio. Aun así, la lucha continuó, Moctezuma fue asesinado y al final, los españoles huyeron. Tal parecía que Tenochtitlan se había salvado, pero en realidad, Cortés se encontraba reagrupándose en Tlaxcala. De la misma forma en que había hecho con los tlaxcaltecas, estaba haciendo alianzas con otros grupos bajo el dominio mexica, ya fuera prometiéndoles recompensas o con la amenaza de que si no se unían al lado español, Cortés podría atacar sus tierras y asesinarlos. Durante esta campaña de coalición, la viruela estaba barriendo el Valle de México y Tenochtitlan; lo más probable es que llegara al país a través de alguno de los hombres de Narváez. Los mexicas nunca habían sufrido esa enfermedad y no tenían forma de combatirla; en poco tiempo había matado demasiada gente.

En mayo de 1521 Cortés estaba listo para volver a pelear. Los mexicas habían sido diezmados por la viruela y habían perdido entre 30 y 50 % de la población. Por el contrario, las fuerzas españolas habían crecido considerablemente gracias a las alianzas. En efecto, Matthew Restall afirma que fue tal el cambio en el ejército de Cortés, que es probable que en algunos momentos durante el asedio de Tenochtitlan menos del 1 % de la fuerza invasora fuera española. El asedio se efectuó de mayo a agosto y fue un vaivén constante de victorias y pérdidas. Considerando que los mexicas se estaban recuperando de la viruela, que les habían bloqueado sus fuentes de alimentos y que además tenían un brote de disentería, resistieron una cantidad de tiempo sorprendente. Sin embargo, para el 13 de agosto, ya no pudieron seguir luchando y se rindieron. Tenochtitlan estaba ya en manos de Cortés.

Durante los años siguientes, fue el mismo Cortés quien propagó el mito sobre cómo había vencido a los aztecas, cómo era que lo habían visto como a un dios y que no igualaban su poderío. Esto no podría estar más alejado de la realidad. En la conquista de Cortés hay pocas cosas impresionantes, y como sería de esperar, mucho de su éxito se debió a la suerte. No obstante, sus mentiras mezcladas con la mitología de la Leyenda Negra, cambiaron irremediablemente la narrativa histórica en algo irreconocible en comparación con los hechos reales.

Enrique VIII y la transformación de una mentira en ley

Conforme se extendían las ideas de Lutero para la reformación de la Iglesia, las cosas comenzaron a calentarse de verdad en Europa. En 1524 estalló una serie de revueltas en los países europeos de habla alemana, lo que después se conocería como como la guerra de los Campesinos Alemanes. Conforme la violencia llegaba al clímax en 1525, los líderes de las rebeliones comunicaron su lista de exigencias, entre las que se incluían muchos ideales de la Reforma, como la capacidad de elegir a los predicadores, que los sermones se oficiaran de una manera entendible y que se tomaran medidas para prevenir que innecesariamente se desviaran fondos de la comunidad hacia la Iglesia católica. Por supuesto había otras exigencias: libertad de servidumbre,* reducción del trabajo obligatorio y devolución de las tierras confiscadas por la nobleza. Sin embargo, aquellas que condenaban los actos de la Iglesia católica fueron las que provocaron miedo e ira; la amenaza de Reforma se había salido tanto de control que incluso los campesinos, lo más bajo de lo bajo, habían tomado su pancarta. Martín Lutero rápidamente cambió de bando y publicó *Contra las hordas asesinas y ladronas de los campesinos*, que

*Este tipo de servidumbre, traducida del inglés *serfdom*, hace referencia a los campesinos que, en el medioevo europeo, tenían a su cargo una porción de tierra para trabajarla y que pertenecía a algún señor feudal. A diferencia de los esclavos, los campesinos estaban ligados a esta propiedad de por vida y debían heredarla para que su descendencia continuara trabajándola. También estaban obligados a utilizar los molinos y a cultivar los granos del señor feudal (*n. del e.)*.

comparaba a los rebeldes con «los propios demonios» y urgía un castigo rápido y sangriento. Se lidió hábilmente con esto, los campesinos fueron aplacados, les quitaron sus derechos y se estima que para el final de las rebeliones habían muerto unas cien mil personas. Pero no perdieron únicamente los campesinos; las ruedas de la reformación casi se detuvieron. Aquellos fuera de la nobleza quedaron con un mal sabor de boca después de que Lutero traicionara a los rebeldes alemanes. En cuanto a la élite europea, se mantuvo firme, temerosa de cualquier otro brote de violencia que pudiera surgir. Parecía que la Reforma había muerto o cuando menos, necesitaba una larga rehabilitación. Eso fue hasta que Inglaterra tomó el mando.

Irónicamente, el rey de Inglaterra, Enrique VIII era un católico devoto y en 1522 el papado le otorgó el título de «defensor de la fe» después de que se pronunciara en contra de Martín Lutero. Sin embargo, todo esto cambió cuando Enrique decidió que quería divorciarse de su esposa Catalina de Aragón. Catalina no le había dado un heredero varón y (lo más urgente) Enrique quería unirse con la dama de compañía de Catalina, Ana Bolena, quien le había dejado bien claro que solo sería su esposa, no su amante. En 1527, Enrique le escribió al papa Clemente VII solicitándole el divorcio. Su solicitud fue rechazada y a esto siguió un intercambio hasta que, finalmente, Clemente le dijo a Enrique, en términos bastante claros, que no le iba a dar el divorcio y que lo excomulgaría si se volvía a casar. Por fortuna, la mano derecha de Enrique, Thomas Cromwell, tenía un plan B. Cromwell no estaba completamente de acuerdo con la ideología de Martín Lutero, pero sí tenía algunas inclinaciones reformistas, pues había leído a Lorenzo Valla y creía que, para que funcionara la cristiandad, necesitaba reformas que la Iglesia católica no podía y no iba a proveer. Entonces sugirió que Inglaterra se separara de la Iglesia. Esto le brindaría a Enrique el tan ansiado divorcio y guiaría a Inglaterra hacia la reformación. El plan funcionó: se declaró inválido el matrimonio con Catalina de Aragón, Enrique y Ana Bolena se casaron y en 1534 se aprobó el Acta de Supremacía, que nombraba a Enrique VIII como jefe supremo de la Iglesia de Inglaterra (Iglesia anglicana).

Cortar los lazos con la Iglesia católica involucraba mucho papeleo. Por principio de cuentas, Inglaterra tenía que establecer nuevas reglas y leyes para reemplazar aquellas que antes pasaban por el papado, así como también consolidar el poder al mover delitos que antes se juzgaban en cortes eclesiásticas a las cortes estatales y civiles. Uno de ellos era la sodomía (relaciones sexuales anales entre hombres, mujeres y animales). En 1533, entró en vigor la Ley de Sodomía, que la declaraba como un delito que se castigaba con la pena de muerte; dicha ley estaría vigente hasta el final del siguiente parlamento, cuando se volvería a revisar. Curiosamente, al parecer, el creador de la ley, Thomas Cromwell, no tenía la intensión de que se persiguiera la homosexualidad, sino que se usara como una laguna legal bajo la cual se podrían ejecutar a los miembros del clero católico como monjes o sacerdotes. La Ley de Sodomía no pretendía reforzar, sino más bien debilitar el poder de la Iglesia católica y suponer una amenaza para su clero. Una vez logrado ese objetivo, quedaría en el olvido, sería una ley que nunca se utilizaría realmente —cuando menos ese era el plan.

Haciendo a un lado el aburrido papeleo, tal vez el problema más grande que surgió del rompimiento con la Iglesia fue el mismo Enrique VIII. Se estaba ganando rápidamente la reputación de alguien que haría lo que fuera con tal de salirse con la suya. Y a este tirano se le acababa de conceder aún más independencia y la capacidad de enfrentar muy pocas consecuencias por sus actos. La fórmula perfecta para el desastre.

En 1536, Enrique firmó la sentencia de muerte para su segunda esposa, Ana Bolena. Se había cansado de la mujer por la que alguna vez estuvo dispuesto a arriesgar todo y había puesto los ojos en una nueva flama, la dama de compañía de Ana, Juana Seymour. Como quería que Ana saliera de escena, le inventó una serie de crímenes, entre los que se encontraban: adulterio, incesto y brujería, lo que obviamente condujo a que Ana fuera decapitada. Adelantémonos hasta 1540: Enrique estaba con su cuarta esposa, Ana de Clèves, y en un giro previsible, quería que desapareciera para poder casarse con su dama de compañía, Catalina Howard. El problema era que el matrimonio con Ana de Clèves lo había concertado Thomas Cromwell como estrategia política para impulsar la Reforma inglesa. Al casarse con la casa alemana de los Clèves, Enrique ganaría un aliado protestante, lo que ayudaría a mantener alejados a los poderes católicos europeos de España y Francia, y con suerte, apaciguaría las inquietudes ante el cambio religioso dentro del país. No obstante, Enrique y Ana anularon el matrimonio de común acuerdo.

Esto dejó a Cromwell en terreno peligroso. Enrique no había estado muy contento desde un inicio por tener que casarse con Ana, y varias revueltas, como la Peregrinación de Gracia en 1536, habían demostrado que el plan de Cromwell para la Reforma no sería pan comido para el monarca megalómano. Los enemigos de Cromwell en la corte aprovecharon la situación y regaron el rumor de que estaba planeando traicionar al rey y eso selló su destino: Cromwell fue sentenciado a muerte en junio de 1540.

Pero Enrique VIII no se sintió satisfecho con decapitar a su antiguo favorito nada más, quería deshonrar su nombre. Para lograrlo, el rey ideó que Cromwell fuera ejecutado junto con el noble más depreciable: Walter Hungerford. Era tema conocido que Hungerford había hecho encarcelar y torturar a su esposa, Elizabeth, la hizo pasar hambre y supuestamente intentó matarla. De hecho, al igual que Cromwell, Enrique y su abogado también ignoraron el problema de Elizabeth cuando inventaron los cargos en contra de Hungerford, y en cambio lo acusaron de traición por haber dado trabajo a un simpatizante de la Peregrinación de Gracia. Una vez acusado, Enrique pudo inventar dos cargos adicionales. El primero fue por usar magia y el segundo fue por sodomía. Enrique utilizó la ley del mismo Cromwell en su contra, eliminando su propósito original en favor de la deshonra.

REBELDES RELIGIOSOS

La Peregrinación de Gracia fue una gran rebelión que amenazó el poder de Enrique VIII. Liderada por Robert Aske, protestaba por el rompimiento con la Iglesia católica y la supresión de los monasterios. Durante un tiempo pareció que podría poner en peligro el reinado de los Tudor. Sin embargo, se les prometió a los peregrinos un acuerdo diplomático para que dieran fin a la protesta. La promesa resultó ser una mentira: Aske y otras doscientas personas fueron ejecutados y Enrique VIII continuó con el rompimiento con Roma.

Walter Hungerford se convirtió en la primera persona en ser encarcelada y ejecutada por la Ley de Sodomía el 28 de julio de 1540. Para asegurarse de que la ejecución se llevara a cabo, se aprobó una enmienda que hacía que la ley de 1533 se «observara y se mantuviera por siempre». Curiosamente, «por siempre» demostró ser un término débil y la ley fue brevemente revocada en 1553. Sin embargo, la rescataron en 1562, con el añadido de Enrique VIII en 1540 bien claro: en esta ocasión por siempre sería «para siempre».

Y así ha sido. Miles de hombres fueron acusados en Inglaterra por esta ley y cientos fueron ejecutados antes de que finalmente se reemplazara en 1828 con la Ley de Delitos Contra la Persona. Aun así, la Ley de Sodomía siguió viva y como parte de la colonización inglesa, se incorporó a las leyes de múltiples países, en algunos de los cuales sigue vigente hasta la fecha. Así, la Ley de Sodomía permanece como uno de los ejemplos históricos más horribles del efecto dominó.

Las muchas (muchas) mentiras de Nostradamus

Es raro que un libro de más de 450 años de antigüedad llegue a los titulares hoy en día, pero esa es la magia y el misticismo de Nostradamus. En 2020, se publicó ampliamente en los periódicos de todo el mundo que en *Las profecías* de Nostradamus (1555) se predecía la pandemia de COVID-19. Este no es un fenómeno nuevo: en años recientes, se ha dicho que predijo todo, desde el 11 de septiembre hasta el 2012, también conocido como el fin del mundo que nunca ocurrió. Incluso antes de estos sucesos, sus profecías se han ligado a otros eventos como el Gran Incendio de Londres en 1666, el Tratado de Hamadán en 1727 y la Revolución francesa. Ahora bien, sería muy fácil escribir todo esto como un engaño de hace siglos (la predicción de la pandemia en 2020 sí lo fue, aunque no provino en realidad de *Las profecías*, sino más bien de alguien que muy probablemente estuviera aburrido en casa y contara con acceso a internet). Pero eso es lo que hace a Nostradamus tan fascinante. Sus profecías son tan vagas que pueden significar cualquier cosa y pueden ser imitadas por cualquiera. Es lo que las ha hecho sobrevivir durante siglos, pero al mismo tiempo es lo que las hace tan peligrosas.

Nacido en 1503, Nostradamus comenzó su carrera en las profecías alrededor de 1550. Después de años de viajar por Francia, se estableció en Salon-de-Provence al sur, donde trabajó principalmente como médico y con cierta fama por su tratamiento de las víctimas de la plaga. Era un trabajo bien redituado, pero dependía mucho de que hubiera oleadas de enfermedades; para incrementar sus ingresos comenzó a incursionar en otras áreas. Primero creó una serie de recetas para sus pacientes, que iban desde polvos para blanquear los dientes o tintes para el cabello hasta pociones de amor. A raíz de este éxito, se pasó a la astrología y le prometió a su clientela tratamiento médico que no solo se refería al cuidado del cuerpo, sino también ofrecía conocimiento sobre la mente y el futuro con la elaboración de detallados horóscopos individuales. Dichos horóscopos tenían la tendencia a predecir futuros más favorables para sus clientes, aunque cuando predecía un camino oscuro, con frecuencia lo presentaba con recordatorios de que para vivir una vida plena, esta debía contener tanto momentos buenos como malos.

En 1550 tuvo una nueva idea: publicar. El negocio de los libros estaba floreciendo y a los editores les interesaba especialmente imprimir almanaques, obras anuales que podían ser de cualquier tema, desde un anuario creado por un doctor que enlistara los mejores tiempos del año para sangrarse hasta manuales de cosecha de cultivos. Nostradamus entró al negocio, se expandió de los horóscopos individuales a amplias predicciones anuales del futuro. Pero principalmente también se veía como un poeta, por ello decidió escribir la mayoría de sus predicciones en versos de cuatro líneas conocidos como cuartetas. Esto les dio un aire casi místico, además de un sentido de ambigüedad ya que podían significar cualquier cosa para cualquier persona, entonces era el lector quien debía interpretarlas. Estos almanaques alcanzaron un éxito casi inmediato y pronto tuvo un creciente grupo de seguidores. En 1555, se sumó a su clientela la reina de Francia, Catalina de Medici y gracias a su mecenazgo, comenzó a hacerle predicciones a su esposo, el rey Enrique II. Ese mismo año, Nostradamus publicó un compendio de sus predicciones: *Las profecías*. Pero se necesitaría de algo mucho más grande para consolidar su reputación.

MEDICINA DURANTE LA PLAGA

A pesar de la reputación de Nostradamus como un gran sanador de las víctimas de la plaga, en realidad, sus técnicas no eran tan útiles. Por ejemplo, hacía sangrías, una de las más antiguas prácticas médicas que puede encontrarse en el antiguo Egipto y Grecia, e incluso como tratamiento durante la peste negra. De hecho, las sangrías siguieron siendo populares todavía hasta el siglo XIX; sin embargo, ayudan muy poco, en especial si estás luchando contra una enfermedad, en cuyo caso aumenta las posibilidades de infección y anemia y, por supuesto, que te extraigan demasiada sangre.

En 1559, Enrique II murió después de un torneo de justas, cuando la lanza que llevaba Gabriel Montgomery se astilló en su ojo, lo que le ocasionó daño cerebral y finalmente, septicemia. Su muerte conmocionó a Francia, ya que nadie podría haber previsto que el rey de 40 años muriera en un accidente así de extraño. Pero entonces, la gente recordó la cita del almanaque de ese mismo año de Nostradamus: «el grande dejará de existir». Entonces se hizo famosa otra predicción: «El joven león vencerá al viejo, en el campo de batalla en un duelo sencillo pondrá sus ojos en su jaula de oro, el ganador se llevará todo, luego, una muerte cruel». Enrique llevaba un casco bañado en oro cuando le hirieron el ojo: el león viejo cayó ante el más joven Montgomery. Entonces comenzó una fascinación febril y se analizaban minuciosamente *Las profecías* en busca de advertencias y señales que tal vez se habían ignorado. Se pasó por alto que en 1558 Nostradamus había declarado que Enrique II era «invencible».

Nostradamus murió en 1566, pero sus profecías nunca dejaron de publicarse, gracias a diversas imitaciones. Algunas eran bastante evidentes, pues nada más se trataba de otros astrólogos que ponían el nombre del famoso autor en sus obras para impulsar las ventas, o editores que publicaban ediciones falsificadas de *Las profecías* con supuestas nuevas profecías para atraer lectores. Pronto apareció un desfile de parientes falsos, incluso uno que decía ser su hijo y que logró concretar un trato con el editor del mismo Nostradamus. Pero aún más extraña es la historia que tejió el médico francés y comerciante de harina, Vincent Sève en 1605. Sève era un personaje peculiar, pues afirmaba que vivía en una bodega oculta dentro de una cantera abandonada para poder estudiar mejor historia y astrología. Decía que un sobrino de Nostradamus, llamado Enrique, lo había convocado en su lecho de muerte y que le había dado una serie de predicciones inéditas de su tío que sentía que eran de la mayor importancia. Ese mismo año, se publicaron ediciones totalmente nuevas de *Las profecías* con estas otras predicciones bajo el nombre de Sextillas. Curiosamente, eran por completo diferentes en escritura de las otras, pues eran versos de seis líneas, con un lenguaje mucho más claro y un fuerte énfasis en sus alabanzas del rey francés de ese momento, Enrique IV. Como tal vez ya adivinaste, esto se debe a que Sève las inventó, pues no hay ningún registro histórico que demuestre la existencia de un sobrino llamado Enrique.

El interés en Nostradamus comenzó a menguar hacia finales del siglo XVII. Después de todo, estábamos en la Era de la Ilustración, del razonamiento y de la ciencia, entonces no había mucho lugar para la adivinación. No obstante, eso mismo dio paso al uso moderno de Nostradamus, pues volvía a surgir en tiempos de crisis para generar miedo y dar sentido a los acontecimientos, ya fueran reales o no. El primer gran ejemplo de esto llegó durante la Revolución francesa, cuando una profecía en particular se popularizó a través de la prensa y de panfletos: «En poco tiempo todas las cosas serán ordenadas, sentimos que viene en camino una era siniestra, el estado de marcas y sellos cambiará, pocos estarán contentos con sus puestos». Gracias al lenguaje vago, inicialmente la adoptaron ambos lados de la revolución. Podría significar «la revolución será difícil pero los revolucionarios ganarán» o «los revolucionarios podrán tener éxito en un inicio, pero no durará mucho». En un ambicioso intento por sacar provecho, se crearon nuevas ediciones de *Las profecías*, introduciendo otras nuevas en las que monjas y sacerdotes serían los objetivos de la revolución. Estos versos falsificados fueron publicados a nivel internacional como hechos en 1790. Pronto llegaron las mentiras individuales. En 1792 la prensa francesa reportó que un hombre había profanado la tumba de Nostradamus y había encontrado más profecías para el año siguiente (aunque ya tenía bastante de haber muerto, al parecer el esqueleto del vidente todavía podía ver el futuro). Esto continuó en 1974, cuando se dijo que los voluntarios de la Guardia Nacional también habían profanado la tumba y habían encontrado una nota del autor en la que predecía la emancipación de Francia.

En la historia más reciente, existió otro momento de interés durante la víspera de la Segunda Guerra Mundial, cuando hubo varias reimpresiones y «nuevas» profecías se imprimían internacionalmente. Durante la guerra misma, las ventas de *Las profecías* se dispararon y Joseph Goebbels comenzó a utilizar profecías inventadas como una forma de propaganda nazi en contra de las naciones aliadas. Y esto se ha convertido en el legado de Nostradamus: el uso de su nombre como soporte y arma durante tiempos de grandes crisis. No importa la veracidad de su obra original, hoy se encuentra manchado por siglos de invenciones, lo que dificulta mucho más interpretar lo que Michel de Nostradamus en realidad dijo ver.

La guerra Imjin y las peores negociaciones de paz de la historia

Hijo de un campesino agricultor japonés en 1536, Toyotomi Hideyoshi había hecho todo lo necesario para desafiar sus posibilidades, escaló las filas desde soldado raso hasta convertirse en samurái y jefe militar. Durante la mitad de la década de 1580 había liderado una campaña para unificar Japón después de más de un siglo de fragmentación política y para 1591, era el líder *de facto* del país, lo que le ganó el apodo de «Gran Unificador». Pero Hideyoshi quería más, y tal vez su más grande sueño era conquistar la China de la dinastía Ming: derribar el punto neurálgico de Asia para darle fuerza a este nuevo Japón. La mejor manera de atacar era mandar fuerzas a través de Corea (donde en ese momento gobernaba la dinastía Joseon) hasta la frontera con China.

Hideyoshi envió emisarios para pedir el permiso de Corea para pasar. Sin embargo, Corea no iba a aceptar; después de todo, era un estado tributario de China. Aun así, Seonjo, el XIV rey de la dinastía Joseon, mandó a sus propios delegados para que investigaran los planes de Hideyoshi, pero la información que consiguieron no era confiable. Algunos informes decían que tenía un gran ejército que atacaría si no les permitían pasar, mientras que otros afirmaban que Japón solo estaba fanfarroneando y que nunca atacaría Corea. Seojo decidió creer esto último y siguió como si nada (un gran error). Las tropas japonesas llegaron a Busan en abril de 1592 y asediaron la ciudad. Hideyoshi había tomado la capital Hanseong (ahora Seúl) en unas cuantas semanas. Conforme empeoraba la invasión, China se alistó para intervenir y para mediados de 1593, los ejércitos de Corea y China habían repelido exitosamente a Japón. Lo anterior dio inicio a lo que puede describirse como una negociación de paz absolutamente ridícula.

EL ALMIRANTE INMORTAL

Con frecuencia se considera al almirante Yi Sun-sin como una de las grandes figuras de la historia naval, cuyas innovaciones, como el barco tortuga, revolucionaron las guerras navales en Asia. Entre 1592 y 1598, su flota coreana peleó en 23 batallas contra Japón sin sufrir una sola pérdida.

El obstáculo evidente eran los diferentes puntos de vista. China y Corea solo querían sacar de Corea a las fuerzas de Hideyoshi y alejarlo de la frontera china; la negociación era una opción mucho mejor que una guerra costosa y el derramamiento innecesario de sangre. Sin embargo, la situación para Hideyoshi tenía otros matices. En ese momento no podía ganar la guerra, ya que Corea se había recuperado del impacto del ataque y había sacado un as bajo la manga: el almirante Yi Sun-sin, cuyas astutas tácticas navales estaban derrotando de manera sistemática a la fuerza marítima de Japón. Además, las milicias guerrilleras estaban bloqueando las líneas de abastecimiento japonesas. Varado en altamar y con poca comida y municiones, Hideyoshi estaba a punto de perder, pero él no lo veía de esa manera. Solo necesitaba tiempo para reagruparse y las negociaciones de paz le ofrecían justo eso. En su mente, o bien las negociaciones terminarían con una disculpa de China y Corea a Japón y el reconocimiento de su poderío, o simplemente reiniciaría la guerra, con sus ejércitos renovados y reabastecidos. Y así, al abrir las negociaciones, Hideyoshi preparó una lista de siete exigencias, entre las cuales incluía una tregua entre China y Japón, así como la apertura del comercio. Adicionalmente, Corea tendría que jurar que nunca desobedecería a Japón, debía ceder un príncipe y ministros de estado como rehenes, y permitir que las fuerzas japonesas mantuvieran el control sobre varias de sus provincias. Como toque final, Hideyoshi incluyó una carta que declaraba su destino como gran gobernante de «los cuatro mares».

Las exigencias y la carta de Hideyoshi nunca llegaron a China. Había decidido confiar las negociaciones a un grupo de delegados bajo el mando de Konishi Yukinaga. Este había ayudado a liderar las tropas durante la primera invasión de la guerra Imjin y por lo tanto, sabía cuán mala era realmente la situación de Japón. Sabía que si presentaba semejantes exigencias a China, lo expulsarían de inmediato y Japón sería derrotado definitivamente. Entonces, decidió inventar una nueva serie de demandas con el nombre de Hideyoshi y las acompañó de una carta falsa en la que este se postraba ante la misericordia de China. Y ya que hablamos de mentiras, las cosas no iban mucho mejor del lado de China y Corea. Muchas de sus negociaciones fueron a través de un hombre llamado Shen Weijing, quien no solo era consciente de las mentiras de Yukinaga, sino que al parecer, incluso le ayudó a escribir algunas. Curiosamente, el lado coreano, aunque desconocía su duplicidad, no dudó en expresar su desconfianza hacia Weijing, pues creían que era un «rebelde» a quien podrían forzar con facilidad para espiar para los japoneses. Y el ataque de Japón a la ciudad coreana de Jinju al inicio de las negociaciones no ayudó a despejar estas sospechas, lo que provocó la muerte de un estimado de sesenta mil ciudadanos. Aun así, de alguna manera, las negociaciones de paz continuaron.

Esta rutina de intercambio de falsedades y mentiras siguió hasta 1595 cuando ambas partes sintieron que habían dejado claros sus términos finales. Hideyoshi creía que se cumplirían casi todas sus exigencias iniciales y, además, le iban a otorgar una investidura que lo señalaba como igual a los ojos de China. Sí, no tomaría China como había planeado en un principio, pero Japón todavía saldría fortalecido, reconocido como centro neurálgico en asuntos globales. Por supuesto, China no veía las cosas de la misma manera. Las cartas que tenían de Hideyoshi mostraban a un líder arrepentido que solo quería la paz y la investidura real que habían preparado reflejaba esto, incluyendo la línea: «Ahora te has dado cuenta con arrepentimiento cuán serio fue tu error». Hideyoshi tenía que sacar a sus fuerzas de Corea, no se apropiaría de ningún territorio ni tomaría rehén alguno, a cambio China le daría a él el título de rey de Japón, pero le prohibirían el comercio tributario y se esperaba que obedeciera y respetara a China en todos los aspectos.

En octubre de 1596, Hideyoshi recibió a los enviados chinos para la ceremonia de investidura. Se puso la túnica Ming que le habían llevado como regalo y celebró la ocasión con un festín. El motivo para la alegría de Hideyoshi era que no tenía la más mínima idea de lo que decía en realidad la investidura china, hasta que pidió que la tradujeran y la leyeran en voz alta. Se puso furioso al escuchar el contenido y amenazó con matar a los negociadores. Lo habían engañado y como represalia reanudó la guerra. Para agosto de 1597, soldados y barcos japoneses se dirigían una vez más a Busan. Pero en esta ocasión, Corea estaba preparada y su ejército fue feroz. No obstante, a pesar de la brutalidad de cada lado, la guerra de Imjin terminaría de manera poco espectacular. Hideyoshi murió en septiembre de 1598, y después de su muerte ya no tenía mucho sentido continuar la guerra. Japón ordenó la retirada a sus soldados y punto, todo había terminado. Cada país terminó endeudado y con miles de muertos; un destino que se podría haber evitado si no hubiera sido por un tal vez bienintencionado, pero pobremente ejecutado, engaño.

Los tres Dimitris

Mientras se desarrollaba la guerra de Imjin, Rusia luchaba con un montón de problemas que habían surgido después de la muerte de Iván el Terrible en 1584. Conocido como uno de los gobernantes más controversiales de la historia rusa, Iván nació en una Rusia que, en 1530, no estaba para nada cerca de ser el país que conocemos hoy en día. En ese entonces se llamaba Gran Principado de Moscú o Moscovia, fue fundado en 1263 como un estado vasallo del Imperio mongol y era relativamente pequeño. Esto comenzó a cambiar bajo los mandatos del abuelo y padre de Iván: Iván III (1462-1505) y Basilio III (1505-1533). En 1480, Iván III había vencido a la Gran Horda, erradicando efectivamente cualquier poder mongol remanente y declarando su independencia. Esto dio inicio a algo llamado «reunificación de tierras rusas», que en esencia se trataba de la anexión de las tierras cercanas para construir lo que se convertiría en Rusia. Iván III soñaba con que Moscovia se convirtiera en la «tercera Roma», un gran imperio bajo un solo gobernante; esta fue la herencia para Iván el Terrible cuando, en 1547, con tan solo 16 años, fue coronado como el primer zar de Rusia.

El reinado de Iván fue problemático, por decir lo menos. El inicio de su gobierno podría considerarse exitoso: Iván consolidó un mandato autocrático, expandió el territorio de Rusia y adoptó una autoridad religiosa más rigurosa. Lo consiguió a un gran costo: sacrificar la libertad y los derechos individuales en el interés del Estado. Sin embargo, fue positivo, cuando menos para Iván y la consolidación del poder de Rusia. No obstante, todo comenzó a venirse abajo en 1558 cuando puso la mira en obtener el control del mar Báltico y comenzó la guerra de Livonia. Lo anterior terminaría desatando una guerra durante los siguientes 25 años, en los que Iván luchó contra Polonia-Lituania, Dinamarca-Noruega y Suecia. Como si eso no fuera ya bastante complicado, su esposa, Anastasia Romanov, murió, al parecer, asesinada en 1560. Culpó de su muerte a la aristocracia rusa (conocida como boyardos), y en un arranque de paranoia, planeó una venganza particularmente elaborada y sangrienta: en 1565 dividió a Rusia y formó un estado separado conocido como Opríchnina. Esa región estaba conformada en gran parte por las áreas más ricas de la nación, donde vivían muchos boyardos. Para mantener un control brutal, instaló una especie de policía secreta conocida como Opríchnik, que tenía mano libre para asesinar, torturar y profanar a su antojo. Como era de esperar, todo esto iba de maravilla con el plan de venganza de Iván, pero no era bueno para Rusia. Ya debilitado debido a la guerra de Livonia, tenía que mandar más recursos para mantener la Opríchnina y eso dejaba al país vulnerable. En 1571, los tártaros de Crimea se aprovecharon de esta debilidad y atacaron con éxito Moscú, quemaron grandes partes de la ciudad, esclavizaron a muchas personas y mataron a miles más.

La venganza de Iván había dejado a Rusia de rodillas y para sobrevivir, el país debía unirse una vez más. La operación Opríchnina se acabó y los esfuerzos nuevamente se enfocaron en la guerra; pero fue insuficiente y demasiado tarde. La guerra de Livonia terminó en 1583 y Rusia se vio obligada a entrar en negociaciones de paz que dejaron al país sin ganancias por esos 25 años de lucha. Rusia apenas podía sobrevivir un año después, cuando murió Iván. Sí, en un inicio había expandido sus fronteras y seguía conservando mucho de ese territorio, pero su gente, su economía y su moral estaban hechos jirones. Rusia necesitaba un líder fuerte que la salvara, el problema era que el heredero estaba muerto. El hijo mayor de Iván el Terrible, Iván Ivánovich, había sido educado para tomar el mando de Rusia, sin embargo, en 1581, su padre lo mató en un arranque de ira. Le quedaron dos hijos: Teodoro, quien lo más probable es que tuviera una discapacidad intelectual, así como poco interés en gobernar, y Dimitri, que era un niño. Lo que después se conocería como la Era de los Desórdenes estaba por comenzar.

Teodoro se convirtió en zar, pero como era incapaz de gobernar, su cuñado y anterior consejero de Iván el Terrible, Boris Godunov, fue nombrado regente *de facto*. El mandato de Boris fue relativamente efectivo, pero su control del poder era bastante inestable y para 1591 Teodoro todavía no tenía hijos, lo que significaba que el joven Dimitri sería el verdadero sucesor al trono. No se necesitaba ser un genio para ver que esto convertía en amenaza al niño de 8 años. Es quizá por ese motivo que, cuando en mayo de ese mismo año Dimitri fue encontrado muerto con la garganta cortada, se pensó que había sido asesinado. Sin embargo, la causa oficial que se dio fue que Dimitri se había cortado él mismo o que había caído sobre un cuchillo parado durante un ataque de epilepsia —pero realmente nadie lo creyó. No obstante, el último heredero estaba muerto y ello dejaba la puerta abierta para que el zar Boris ascendiera al trono cuando Teodoro murió en 1598.

Boris era poco popular. Rusia se vio atrapada en una hambruna de tres años a partir de 1601 que mató cerca de dos millones de personas, y la culpa recayó por completo en Boris. Para complicarle las cosas al nuevo zar, en 1604 pasó algo muy extraño: Dimitri regresó. Bueno, cuando menos, alguien que decía ser Dimitri. Conocido ahora como Dimitri I el Falso, el joven decía haber escapado del intento de asesinato al huir dejando a alguien parecido, quien fue asesinado en su lugar. Ahora que había regresado, quería el trono. No era una amenaza que se pudiera tomar a la ligera, ya que a Dimitri I el Falso lo respaldaba un poder real: los territorios autónomos de Polonia y Lituania. Ambos sabían que era un impostor, pero querían derrocar a Boris y tomar una rebanada del poder ruso. En marzo de 1605 Dimitri I el Falso marchó sobre Rusia, preparándose para pelear por la corona, pero no fue necesario. Boris murió a finales de abril, al parecer de un ataque cardiaco y su hijo adolescente, Teodoro II era el nuevo zar. Teodoro fue asesinado casi de inmediato y para junio, el zar Dimitri estaba en el trono.

UN LÍDER GODUNOV

A pesar de que es casi seguro que haya autorizado el asesinato de un niño, como gobernante, Boris Godunov no era tan malo, afectado más por la mala suerte y una débil conexión con el poder que por un gobierno ineficaz. De hecho, fue el primer zar en establecer un contacto fuerte con el resto de Europa al declarar: «Todas las naciones son igual de atractivas para el que quiere vivir en amistad con todos», claro, a menos que tu nombre sea Dimitri.

El reinado del falso Dimitri empezó bastante bien. Tenía el apoyo del pueblo y de los boyardos, quienes a pesar de haber afirmado en un inicio que era un impostor, daban fe de su credibilidad. Puso en marcha planes para mejorar la vida de los campesinos rusos y continuar con la tradición de reunificar las tierras rusas al establecer alianzas y planear una guerra contra el Imperio otomano. Pero todo ello sería increíblemente fugaz. Dimitri se casó con Marina Mnishek el 8 de mayo de 1606, quien era católica y había dejado en claro que no tenía intenciones de convertirse a la cristiandad ortodoxa. Esto hizo enojar a la poderosa Iglesia rusa y provocó que los boyardos se pusieran en contra de Dimitri y lo declararan (otra vez) impostor. Menos de diez días después, el 17 de mayo, Dimitri fue asesinado y para el 19 de mayo, el líder de los boyardos, Basilio Shuisky, era el nuevo zar. Pero el desfile de Dimitris no había terminado. En 1607, surgió otro impostor (Dimitri II el Falso). De alguna forma había sobrevivido a su asesinato y, a pesar de que no se parecía en nada al primer Dimitri falso, Marina Mnishek lo reconoció oficialmente como su esposo. Una vez más, Polonia y Lituania le ofrecieron su apoyo y en 1608, Dimitri II tenía un ejército de miles, que incluía campesinos así como también varios boyardos que habían desertado de la autoridad de Basilio. Lamentablemente para el impostor, no llegaría a ser zar. Polonia decidió que había tanta inestabilidad que sería mejor declarar la guerra directamente y en 1609, el rey Segismundo III lo hizo. Las fuerzas polacas de Dimitri fueron dispersadas y, aunque intentó desesperadamente aferrarse a su sueño de ser zar, en 1610 fue asesinado en una pelea estando borracho.

La guerra continuó y en 1610, las fuerzas polacas estaban en Moscú y el zar Basilio fue depuesto. Otro Dimitri (Dimitri III el Falso) apareció en 1611, pero en esta ocasión, nadie creyó el mito de lo que habría sido un milagroso tercer acto de sobrevivencia. Y a pesar de que consiguió un poco de apoyo rebelde, fue traicionado y ejecutado rápidamente. No sería sino hasta 1612 con la batalla de Moscú que Rusia recuperó la estabilidad y se eligió a un nuevo zar: Miguel Romanov. Esto marcaría el final de la Era de los Desórdenes y el inicio del reinado Romanov en Rusia. Sin embargo, la saga de los Dimitris no había terminado. Marina Mnishek había escapado del destino de Dimitri II el Falso y afirmaba que su hijo de 4 años, Iván Dimitriyevich, era el verdadero zar de Rusia. Era un movimiento extraño y que no tenía mucho respaldo, pero Miguel ya sabía a estas alturas que los falsos Dimitris podían ser una amenaza mortal. Marina y su hijo fueron capturados y ella moriría en prisión, pero Miguel ordenó que Iván fuera ejecutado públicamente, dando un fin sangriento y definitivo a este linaje de impostores.

El asunto de los venenos

Una histeria muy extraña sacudió a Francia a finales de la década de 1670; había rumores de círculos secretos de envenenadores, misas negras demoniacas e incluso pociones de amor que se usaban para obtener poder. Conforme se propagaba el miedo, comenzó una cacería de brujas dentro de los estratos más altos posibles: la corte de Luis XIV. Lo que hace que esta histeria sea tan peculiar es que, a diferencia de otras cacerías de brujas, no tenía como base la religión o una crisis social sino que sus raíces se fundaban en lo que podría parecer una obsesión muy actual: un caso de *true crime*. En 1673 se descubrió que durante casi una década, la refinada marquesa de Brinvilliers había estado asesinando de manera sistemática a su familia, dándoles veneno a su padre y a sus dos hermanos sigilosamente durante semanas y meses hasta que cada uno murió de lo que primero se consideró una larga y misteriosa enfermedad. La avaricia fue el motivo principal para los asesinatos ya que la marquesa esperaba recibir la herencia y continuar viendo a su amante, a quien tanto su padre como sus hermanos desaprobaban. De hecho, no fue sino hasta que los acreedores saquearon la casa de su amante después de que este muriera en 1672, que se encontró la primera evidencia de los crímenes. La marquesa huyó, pero finalmente la capturaron, juzgaron y ejecutaron en 1676.

La historia de los asesinatos de la marquesa fue un escándalo muy famoso, pero era mucho más que un simple chisme. Si la marquesa de Brinvilliers podía llevar a cabo un crimen tan atroz, entonces cualquiera podía hacerlo y la histeria estalló por completo. Conforme el miedo avanzaba, algunos vieron la oportunidad de hacerse ricos rápidamente. Una partidaria de esta idea era Magdelaine de La Grange, quien trabajaba como una de las principales adivinas de París y se especializaba en usar sus artes para informar a sus clientes si habían sido envenenados (en cuyo caso les vendía un caro antídoto). En 1677 fue arrestada por intentar fingir un matrimonio con el abogado, ya anciano, Jean Faurye para poder quedarse con la herencia cuando el hombre muriera poco después. Se sospechó que había sido envenenado. En un intento por salir de prisión, Magdelaine declaró tener conocimiento de crímenes potenciales de importancia nacional y el ministro francés de Guerra, el marqués de Louvois fue llamado para que investigara sus declaraciones. Magdelaine decía que Faurye efectivamente había sido asesinado, pero no por ella: estaba en marcha un complot para asesinar al rey y al delfín, y Faurye solo había sido una víctima. Aunque Magdelaine no tenía más información, juró que si la liberaban, con sus poderes de clarividente podría averiguar más. Louvois no le creyó, pero entonces salió a la luz nueva evidencia cuando a finales de 1677 un alquimista y su sirviente fueron arrestados por falsificación. El sirviente les dijo a los carceleros que a cambio del perdón les daría información sobre un complot concerniente al rey. Con esto y la propuesta de Magdelaine en mente, Louvois creyó que se había encontrado con algo extraordinario: un círculo parisino de envenenadores.

Como el rey Luis XIV parecía ser el centro de este supuesto complot, era imperativo capturar a los integrantes, pero Louvois se había topado con pared, pues solo tenía a Magdelaine y a los socios del alquimista. Así fue hasta que en enero de 1679 fueron arrestadas dos adivinadoras, Marie Bosse y Marie Vigoreux, después de que supuestamente las escucharon bromear sobre sus exitosos envenenamientos. Al registrar la casa de Bosse encontraron arsénico y otros venenos, que no eran raros en la limpieza del hogar y el control de plagas; sin embargo, el temor se disparó, pues también estaba el hecho de que madame de Poulaillon, una cliente de clase alta de ambas mujeres, había sido recientemente trasladada a un convento después de que se sospechara que había intentado asesinar a su esposo. Parecía que por fin Louvois había descubierto el círculo, y la investigación comenzó con la creencia de que las adivinas de París trabajaban junto con mujeres aristocráticas para deshacerse de sus maridos y rivales.

Para marzo, se habían acumulado tantos casos que Luis XIV ordenó la creación de una comisión especial para manejar todo. Mientras tanto, las adivinadoras, que ya habían sido encarceladas de nuevo, se habían dado cuenta de lo precario de su situación, pues Magdelaine de La Grange había sido ejecutada en febrero de 1679. Desesperadas por demostrar su inocencia, las prisioneras habían comenzado a señalar a quien fuera, y la culpa con frecuencia recaía en la más destacada y famosa de las adivinadoras, Catherine Monvoisin, conocida como La Voisin, entre cuyos clientes se encontraba la élite de los aristócratas de Francia. Las acusaciones pasaron de veneno mezclado en las bebidas hasta ramos y ropa envenenados, y pronto se desviaron hacia los terrenos de la brujería, misas negras y poderes demoniacos. Las prisioneras estaban dispuestas a decir lo que fuera con tal de obtener su libertad, pero para muchas este juego de lanzar culpas resultaría infructuoso, y lo único que lograron fue que sus interrogatorios se convirtieran en torturas con la esperanza de que soltaran más secretos (lo que en realidad solo provocó más confesiones y acusaciones falsas).

LA MUERTE MISTERIOSA DE ENRIQUETA DE INGLATERRA

Parte de la razón por la que la corte de Luis XIV se obsesionó tanto con el escándalo de los envenenamientos fue la muerte de la hermana del rey, Enriqueta Ana, quien murió en 1670 después de una breve y repentina enfermedad. Hubo rumores en su momento, pero pronto el pueblo estaba convencido de que había sido envenenada; después de todo, si ningún lugar era seguro, entonces los salones del poder y la ambición debían ser los más mortales de todos.

Este ambiente de miedo es quizá lo que condujo a que La Voisin finalmente hiciera sus propias acusaciones. Proporcionó nombres de clientes que, según ella, le habían exigido veneno, siendo el caso más escandaloso el ligado a Françoise de Dreux, cuya familia completa atestaba la corte del rey. La Voisin era, con mucho, la sospechosa con más conexiones y, como tal, se esperaba que tuviera la pista sobre cualquiera que fuera el peligro que acechaba al rey. Así, cuando en mayo de 1679, Bosse, Vigoreux y varios más fueron ejecutados o murieron bajo tortura, La Voisin fue perdonada. Entre ella y otros nuevos sospechosos, varios de los elementos más destacados de la corte fueron acusados de todo: desde asesinato hasta de convocar al diablo. Sin embargo, pronto quedó claro que a La Voisin se le habían acabado los nombres y que su información rápidamente se iba reduciendo a detalles en apariencia mundanos, como en la ocasión en que solicitó entregarle una petición personalmente al rey. Como ya no les era útil, La Voisin fue ejecutada sumariamente en febrero de 1680. Pero su muerte no pareció aplacar de manera inmediata la histeria que prevalecía en la corte; la única manera de sofocarla sería nombrar a la persona que Magdelaine de La Grange había dicho en alguna ocasión que había amenazado al rey.

Los interrogadores pusieron los ojos en una acusada extraña: la amante del rey, la marquesa De Montespan. Había estado en el radar desde hacía tiempo, pues los nombres de varios de sus asociados habían surgido en la investigación; sin embargo, acusar a la amante del rey y madre de sus hijos era un tema peligroso que requería sospechas de peso; necesitaban nuevas acusaciones y los interrogadores las obtendrían por los medios que fueran necesarios y para ello dieron con una testigo inusual: la hija de La Voisin.

Marguerite Monvoisin fue arrestada poco antes de la muerte de su madre por el simple hecho de estar emparentada con ella. No le fue bien en prisión, pues intentó suicidarse cuando menos en una ocasión y, para el verano de 1680, era conocida por ser mentalmente inestable y muy sugestionable. Cuando la llamaron para interrogarla, Marguerite felizmente se dedicó a repetir lo que le preguntaban los interrogadores o mentía para llenar los huecos. En primera instancia esto benefició la investigación cuando Marguerite afirmó que la petición que su madre había solicitado entregarle al rey en persona estaba envenenada, como parte de un elaborado plan para matarlo. Después de esta bomba fue interrogada una y otra vez. Aunque con frecuencia su testimonio presentaba grandes cambios y era contradictorio, los interrogadores lo utilizaron para trazar su propio escenario: De Montespan había usado a La Voisin durante años para suministrarle al rey pociones de amor, hechizos y hacer misas negras para fortalecer su adoración hacia ella. Sin embargo, cuando la atención del rey cambió a la duquesa de Fontanges, tramó la muerte de ambos y La Voisin entregaría la petición envenenada y utilizaría ropa también envenenada para eliminar a Fontanges poco después.

Cuando se presentó la investigación a Luis XIV, este no estaba tan seguro. A pesar de todas las evidencias frente a él, seguía sintiendo algo por De Montespan y por ello pidió que siguieran investigando. El problema era que mientras más se interrogaba y torturaba a los testigos, más locas se volvían sus acusaciones y pronto incluso se mencionó el sacrificio humano. Además, la histeria que había envuelto a la corte real se había apagado hacia finales de 1680. Nadie más aparte del rey y los interrogadores sabían sobre las acusaciones en contra de De Montespan y habían pasado meses desde los últimos arrestos (para la corte todo se había resuelto desde hacía mucho). Si Luis XIV iba a acusar a De Montespan, todo reiniciaría, además de que comenzarían los rumores sobre que la brujería demoniaca, el sacrificio y el asesinato habían estado presentes en su corte; sus consejeros señalaban que estas declaraciones no tenían mucha evidencia o bases, aparte de ser confesiones desesperadas obtenidas a la fuerza. Se había acabado la histeria, ¿por qué volver a iniciarla?

Luis XIV decidió retrasar la decisión. La situación se mantuvo así hasta que la duquesa de Fontanges dejó la corte francesa en marzo de 1681. Había sufrido de una misteriosa enfermedad durante meses y se decía que moriría pronto. Y como era de esperar, los rumores sobre un envenenamiento no tardaron en surgir. Tal vez con esto en mente, Luis finalmente decidió que la investigación siguiera su curso, pero que se omitiera toda mención sobre la marquesa De Montespan. Los juicios dieron inicio en julio para aquellos que seguían en la cárcel y los prisioneros se dividieron en dos: los que podían ser acusados sin tener que mencionar a De Montespan y los que no. De los primeros, la mayoría fue ejecutada o exiliada, permitiendo que hubiera un espectáculo sangriento para demostrar que los últimos perpetradores habían sido capturados. Mientras tanto, a los últimos, incluyendo a Marguerite Monvoisin, se les dio cadena perpetua para asegurarse de que todo el asunto quedara oculto. Luis ordenó en 1682 que se cerrara la comisión y con eso, la una vez fatal oleada de mentiras se consignó a los márgenes de la historia.

Mary Toft: la mujer que parió conejos

El 10 de octubre de 1726, los periódicos británicos comenzaron a reportar una historia extraordinaria: una joven llamada Mary Toft acababa de dar a luz a un conejo. Por supuesto, eso no era cierto. Todo el asunto fue un engaño muy extraño que ni siquiera estuvo lo suficientemente bien armado como para soportar unas cuantas semanas de escrutinio (todo el fraude había salido a la luz para diciembre). Ahora bien, lo anterior puede sonar como una farsa elaborada, aunque fácil de olvidar, pero Mary y sus conejos fueron importantes, tanto que cambiarían la forma de entender la medicina.

Nacida en 1703, Mary se casó con Joshua Toft a los 17 años. La pareja vivía en el pequeño pueblo de Godalming y con frecuencia se encontraba al borde de la pobreza. El trabajo de Joshua como comerciante de ropa de lana se vio afectado por una depresión en la industria y la pareja se las arreglaba con el escaso ingreso de él y el trabajo de Mary como jornalera agrícola. Ahora bien, no sabemos con exactitud cómo es que Mary pasó de jornalera a paridora de conejos. En ese momento (e incluso siglos después) se supuso que lo hizo para conseguir dinero rápido, a pesar de que en realidad nunca obtuvo algo por el engaño. En años recientes, la historiadora Karen Harvey revisó el caso y cree que el ardid tuvo que ver más con la reacción de Mary a su medioambiente que con la búsqueda de una ganancia ilícita.

Los conejos eran una presencia importante en la vida de Mary mucho antes de que comenzara el engaño. Godalming era supervisado por varios niveles de gobierno que tenían control sobre la vida diaria, en particular de los pobres, lo que incluía el monitoreo de rentas, castigos e incluso los índices de reproducción de las mujeres. Animales como los conejos, los venados y los peces con frecuencia eran utilizados como símbolo de esta élite de terratenientes, quienes restringían el acceso de los pobres a esa abundante fuente de comida. Además, existía otro asunto: los conejos en particular solían vagar por los campos de los que dependía el sustento de los pobres, se comían las cosechas y el alimento del ganado. Las protestas por ello eran comunes y, en el verano de 1726, Joshua se encontraba en medio de una de estas protestas y se unió a una intrusión masiva para pescar en un estanque prohibido, lo que se juzgó como un crimen. Al mismo tiempo, Mary sufrió un trágico aborto. Ya había dado a luz en dos ocasiones anteriores, pero solo uno de sus hijos había sobrevivido a la infancia, situación que fue del conocimiento de la élite de Godalming. El aborto duró varias semanas, aunque Mary no tuvo otra opción que seguir trabajando en el campo durante el proceso. Ella recordó después que, en cierto momento, vio un conejo correr por el campo y lo persiguió, desesperada por conseguir comida. Después de aquello, decía, no pudo dejar de pensar en conejos. En las semanas siguientes a su aborto, Mary seguía viéndose como si continuara embarazada y varios historiadores en la actualidad creen que la comunidad aprovechó esto para hacer parecer que había dado a luz a conejos como otra protesta dirigida a la élite terrateniente, no solo por las restricciones sobre la caza furtiva, sino también por el control sobre las mujeres.

Sin importar la verdadera razón detrás del engaño, en octubre, por todo el país corría la noticia sobre la mujer que había dado a luz a conejos. En noviembre, el rey Jorge I mandó al anatomista de la corte para que investigara el fenómeno. Quiso la suerte que, cuando Nathaniel Saint-André visitó a Mary, esta se encontrara en medio del «parto» de su decimoquinto conejo. El anatomista contempló el increíble acontecimiento y ordenó de inmediato que Mary fuera transportada a Londres para que sus milagrosos alumbramientos pudieran ser estudiados por las grandes mentes científicas del momento. Se pensó que Mary podía ser la encarnación perfecta de la idea de «impresión materna», una popular teoría emergente dentro de la medicina de esos tiempos. La impresión materna sostenía la idea de que las experiencias que tuviera la madre durante el embarazo tendrían un impacto en el bebé al que diera a luz. En 1724, el médico escocés John Maubray detalló dicha teoría en su libro *The Female Physician* (La mujer médica). En él argumentaba que la imaginación de una mujer era algo poderoso, entonces, si una madre tenía antojo de mejillones durante el embarazo, el bebé podría parecerse a un molusco, mientras que la depresión o un trauma podrían resultar en deformidades; incluso, si una cereza caía sobre una mujer durante el embarazo podía ser el origen de las marcas de nacimiento. Mary Toft no había pensado en otra cosa que no fueran conejos y, por ende, había dado a luz a conejos.

Maubray examinó a Mary y creyó confirmada su teoría; Nathaniel Saint-André también quiso sacar partido y publicó un ensayo sobre los alumbramientos de Mary tan solo un mes después de haberla conocido. Pero el éxito no duraría mucho para ninguno. Un portero de la casa de Londres donde se hospedó Mary reportó que la mujer metía conejos de contrabando en sus habitaciones. Mary negó tales afirmaciones, pero se le informó que la única manera de aclarar la situación era someterse a una cirugía; ella rompió a llorar y admitió que todo había sido un engaño. La prensa británica hizo su agosto al desprestigiar tanto a Mary como a los médicos que le creyeron. Como castigo, Mary fue detenida públicamente y, a cambio de una pequeña cantidad, las personas podían pagar para que desfilara frente a ellas mientras la abucheaban. Después de ser liberada, Mary regresó a su casa, donde dio a luz a una bebé saludable y vivió tranquilamente el resto de su vida.

MATERNIDAD MAL JUZGADA

Una de las personas más conocidas cuyo nacimiento supuestamente estuvo ligado a la impresión materna fue Joseph Merrick o, como también se le conoce, el hombre elefante, quien nació en 1862. Su madre afirmaba que un elefante la había espantado mientras estaba embarazada, dando como resultado las deformidades físicas del bebé. La ciencia moderna lo ha desmentido, pero la condición de Merrick sigue siendo desconocida, aunque algunos sugieren la hipótesis de que fue una combinación entre el síndrome de Proteo y neurofibromatosis.

La comunidad médica continuó padeciendo, provocaba desconfianza generalizada y era blanco de la burla pública por su disposición a creer lo inimaginable. Curiosamente, la idea de la impresión materna siguió vigente. Unos cuantos doctores publicaron ensayos en los que utilizaban la historia de Mary Toft para refutar la teoría, pero de manera extraña, eso parecía volverla más fascinante. Durante los años siguientes hubo varios reportes de casos sorprendentemente similares, incluyendo el de una mujer cuyos antojos de pastel dieron como resultado un niño que parecía eso: un pastel (con pasas incluidas); también hubo el caso de otra mujer cuyo hijo era en parte rana. Todavía a finales de la década de 1890 el *British Medical Journal* seguía reportando este tipo de nacimientos «monstruosos». Si bien el engaño de Mary Toft pudo desacreditarse de inmediato como falso, pasarían décadas para que la pseudociencia que involuntariamente promovió recibiera el mismo juicio.

La mentira de Mir Jafar

Hay un relato popular que dice que la India fue colonizada gracias a un hombre y sus mentiras. En 1757, en la batalla de Plassey, Mir Jafar Ali Khan, alguna vez un respetado general, traicionó a su líder y a su gente y le entregó el control de Bengala a la Compañía Británica de las Indias Orientales, poniendo así en marcha siglos de colonización opresiva. Pero lo anterior no es del todo cierto, porque a fin de cuentas, no se puede negar que la historia es increíblemente complicada. De hecho, el relato de Mir Jafar es en sí mismo una mentira que esconde la verdadera naturaleza de su traición y a las partes involucradas. No obstante, para llegar a esa verdad, primero debemos revisar cómo es que la Compañía Británica pasó de meter la pata en sus relaciones con la India a competir para convertirse en un superpoder global.

El 31 de diciembre de 1600, la reina Isabel I le concedió una autorización real a la recién formada Compañía Británica de las Indias Orientales. El comercio de bienes exóticos como especias, sedas y joyas era un gran negocio y el documento autorizaba a la Compañía a tener un monopolio sobre el comercio inglés y al mismo tiempo le daba derecho de tomar tierras y formar ejércitos en nombre de la reina y el país. Esto último podría parecer poco útil para las esperanzas de la Compañía Británica de las Indias Orientales de comerciar con la India. En ese momento gran parte del subcontinente indio, hogar de uno de los mercados más lucrativos a nivel mundial, era gobernado por la rica y poderosa dinastía Mogol. Ningún otro comerciante europeo había podido entrar realmente a la India, ya que los mogoles no toleraban sus prácticas habituales de saquear las tierras y obligar a los locales a convertirse al cristianismo. Con un ejército de unos cuatro millones de efectivos, aniquilaban con muy poco esfuerzo a cualquier comerciante que se portara mal. Entonces, la Compañía comenzó una extensa campaña para ganarse la simpatía de Jahangir, el emperador mogol. La Compañía no podía llenarlo de regalos impresionantes pues este se encontraba rodeado de joyas magníficas y riquezas, y muy probablemente ya tenía esos regalos; en cambio, optó por enviar mensajeros reales y entretenerlo con cuentos de curiosidades inglesas, como la cerveza y otros aspectos interesantes como la niebla. Divertido por esas excentricidades, Jahangir le concedió a la compañía derechos para comerciar y pronto su fortuna estaba floreciendo, pues se expandió por todo el Imperio mogol.

Sin embargo, aunque las relaciones parecían ser buenas en la superficie, la Compañía estaba secretamente muy molesta porque no era tratada con respeto. Para 1680, el Imperio mogol estaba bajo el ataque de la Confederación maratha y, al sentir que su patrón se estaba debilitando, la Compañía intentó tomar el control. En un arranque muy mal pensado de orgullo, envió 19 barcos de guerra y seiscientos soldados para derrocar a la dinastía mogol en 1686: los derrotaron inmediatamente y cerraron el comercio de la compañía. Esto debería haber sido un parpadeo en el radar de la historia; después de todo, solo se necesitaron cuatro años de disculpas para que los mogoles perdonaran a los jóvenes comerciantes novatos de la compañía. Sin embargo, luego del cierre del comercio, mientras reconstruía su infraestructura, la Compañía adquirió tierras, hecho que sería un factor de cambio en el juego: el pedazo de tierra, en ese momento casi vacío en Bengala, llamado Calcutta (en la actualidad lo escribimos con una sola t: Calcuta).

Ya para inicios del siglo XVIII era claro que el alguna vez poderoso Imperio mogol se estaba desmoronando. El reinado del emperador Aurangzeb había debilitado muchísimo al país. La prohibición de la religión hindú y el recrudecimiento de la ley islámica generaron una brecha religiosa enorme, lo que combinado con múltiples fracasos militares dejó al imperio debilitado y vulnerable a los ataques. Después de la muerte de Aurangzeb en 1707, el país se fragmentó en secciones que discrepaban entre sí y que con frecuencia no estaban organizadas. Todo ello significó buenas noticias para la Compañía, que tenía carta blanca para hacer lo que quisiera. Se estaban librando guerras con Francia, los comerciantes se quedaban con las tierras de uno y otro bando, y por lo regular, la Compañía salía victoriosa. Mientras tanto, Calcuta se había convertido en un próspero centro de negocios, pues para la década de 1750 casi dos terceras partes de las exportaciones asiáticas de la Compañía pasaban por el puerto de la ciudad. Lo anterior era un marcado contraste con el resto de Bengala que se había pasado de 1741 a 1751 en aprietos por las invasiones de los marathas. Los refugiados llegaban en grandes cantidades a Calcuta y mientras tanto, la Compañía continuaba haciendo negocios, se rehusaba a pagar impuestos y estaba planeando llevar a Bengala a la guerra con Francia y sus comerciantes. El nabab (gobernador) de Bengala, Alivardi Khan, no estaba de acuerdo con esto. En un intento por evitar un derramamiento de sangre, Alivardi mandó mensajeros para llegar a un acuerdo diplomático, pero la Compañía se rio de dichos intentos. Alivardi murió en 1756 y su sucesor, Siraj ud-Daulah, decidió que ya era suficiente. A finales de mayo, lideró a miles de hombres para sitiar la fábrica de la Compañía en Cossimbazar. Cuando la Compañía se rehusó a dar marcha atrás, Siraj y su ejército, que constaba de setenta mil hombres, marcharon hacia Calcuta.

Al frente de esta campaña estaba Mir Jafar, quien comandaba las tropas conforme iban llegando a las puertas de la ciudad el 16 de junio. En un día ya iban cruzando Calcuta y, para el 19, la Compañía había perdido el control y el gobernador huyó dejando a sus hombres a su destino. La pérdida de Calcuta fue un golpe muy fuerte para la Compañía: habían saqueado su inventario, habían muerto cientos de personas y, lo más importante, el precio de sus acciones estaba cayendo rápidamente. Después de una acalorada junta de consejo, se decidió que la Compañía debía regresar el golpe, no solo para recuperar Calcuta sino también para tomar Bengala como compensación por los negocios perdidos. Se reunió un enorme ejército guiado por un hombre leal a la Compañía, Robert Clive; dicho ejército superaba con creces al de Siraj. El 2 de enero de 1757 recuperaron Calcuta con grandes pérdidas para ambos bandos. Aun así, a Robert Clive le habían encargado tomar Bengala y entonces, leal como siempre, le declaró la guerra a Siraj ud-Daulah. Inesperadamente, a pesar de que el ejército de la Compañía se encontraba debilitado, Siraj no tardó en retroceder y huyó en la noche durante un ataque. En febrero se firmó un tratado de paz que en esencia autorizaba a la Compañía a seguir haciendo lo que quisiera. Sin embargo, apenas se había secado la tinta del tratado cuando se presentó un giro inesperado: Francia e Inglaterra se habían declarado la guerra. Cualquier tierra que se obtuviera era una ganancia y entonces le encomendaron a Clive que llevara a sus tropas cansadas a arrebatar tierras comerciales francesas.

EL AGUJERO NEGRO

Uno de los aspectos más notorios del paso de Siraj ud-Daulah sobre Calcuta fue el tristemente célebre Agujero Negro, cuando el 20 de junio de 1756, cerca de 146 británicos fueron abandonados y obligados a entrar en una celda de 5.5x4.3 m. Durante el transcurso de la noche, muchos prisioneros se asfixiaron, fueron aplastados o murieron por golpes de calor. Se calcula que para la mañana habían muerto 123 de los 146 prisioneros.

Mientras tanto, la gente de Siraj ud-Daulah estaba a punto de ejecutar un golpe de estado. Mir Jafar y sus soldados estaban molestos por lo rápido que había tirado la toalla Siraj, mientras que la familia de banqueros, Jaget Seth, estaba furiosa porque Siraj agotaba los recursos de Bengala. Ambas partes esperaban que Siraj anunciara que rompería el tratado y ofreciera apoyo a los franceses para erradicar a la Compañía Británica de las Indias Orientales de una vez por todas. Sin embargo, no lo hizo e Inglaterra salió victoriosa y expandió aún más su territorio en Bengala. Siraj tenía que irse pero cada plan para expulsarlo fracasaba hasta que, finalmente, los conspiradores se desesperaron (tal vez el enemigo de su enemigo podría ser su amigo). Al enterarse del plan de los conspiradores, la Compañía realizó una reunión secreta en mayo de 1757 y acordó quitarle el poder a Siraj, pero tendría un costo. A cambio de sus fuerzas, exigieron que Bengala les pagara un año completo de ingresos. Los conspiradores accedieron.

El plan era este: Robert Clive acusaría a Siraj de romper el tratado, lo que le proporcionaría a la Compañía la excusa para dar el golpe. Después de la muerte de Siraj, Mir Jafar se convertiría en el líder de los soldados, pues su figura los representaría mucho mejor que la de un banquero. Lo único que tenía que hacer era asegurarse de que cuando llegaran las tropas de la Compañía, Siraj estuviera en primera línea para ser capturado. Pero Mir Jafar no lo hizo. A mediados de junio, mientras Clive marchaba hacia Plassey, lugar donde Siraj se encontraba atrincherado, seguía escribiéndole a Mir Jafar para que le diera una actualización de su parte sin obtener resultado. Se suponía que Mir Jafar se uniría a las tropas de la Compañía el 18 de junio, pero no llegó. Clive seguía presionando al general; la respuesta que recibió fue que este había decidido quedarse al lado de Siraj para no despertar sospechas y después, otra vez silencio. El 21 de junio, un Clive muy frustrado realizó un consejo de guerra para decidir si se seguiría adelante con el plan, cuando el general le hizo llegar un mensaje diciendo que ya estaba listo para dar el golpe, para después volver a desaparecer. El 23 de junio, al seguir sin señales del general, Clive decidió finalmente terminar la farsa y pelear: había dado inicio la batalla de Plassey. Mientras disparaban los cañones, el general apareció por fin el tiempo suficiente para retirar a sus tropas y ayudar así a sellar la victoria para la Compañía. Siraj huyó, pero lo capturaron pocos días después y lo mataron.

La traición había funcionado, pese a que Mir Jafar, al parecer, había dudado en el último momento. En julio lo declararon el nuevo nabab de Bengala y los banqueros comenzaron el proceso de pago a la Compañía Británica de las Indias Orientales. Sin embargo, no pasó mucho tiempo antes de que los conspiradores fueran traicionados. En esencia, la Compañía había comprado una revolución y, por ende, tenía control total sobre quienes habían participado. Pasaron de comerciantes a ser el verdadero poder detrás de un gobernante títere. Como era de esperar, el pueblo de Bengala no quería al general pues había matado a su líder y, para lograrlo, había confabulado con el enemigo y diezmado la economía en el proceso, por no mencionar el hecho de que el antiguo general se había vuelto adicto al opio. Aun así, su fallido liderazgo fue otra victoria para la Compañía, pues les permitió extorsionar todavía más a Bengala. Lejos de salvar a Bengala, el plan de los conspiradores la había arruinado aún más y para 1759, tanto Mir Jafar como los Jaget Seth estaban desesperados en busca de una forma de deshacerse de la Compañía Británica de las Indias Orientales.

La primera opción era la Compañía Neerlandesa de las Indias Orientales, a la cual prometieron derechos de comercio en Bengala si lograba deshacerse de la Compañía Británica; sin embargo, fue derrotada en la batalla de Chinsurah y ello detonó el derrocamiento de Mir Jafar, quien fue reemplazado por un nuevo gobernante títere, Mir Qasim. Pero había otra esperanza, quedaba un emperador mogol, el sha Alam II y aunque su imperio se encontraba destrozado, todavía tenía apoyo. En 1759, algunas de las últimas tropas francesas en el norte de la India prometieron unirse a Alam para derrotar a la Compañía Británica. Mir Qasim también se había puesto en contra de la compañía debido a que, una vez más, se negaban a pagar impuestos. Se desataron batallas, refriegas y asedios y, en un giro irónico, la compañía reemplazó a Mir Qasim con Mir Jafar, quien para entonces era mucho más dócil debido a las drogas. Todo terminó en 1764 con la batalla de Buxar. La pelea fue corta pero sangrienta y ganó la Compañía Británica. Esta victoria es, tal vez, el punto de inflexión más grande para lograr establecer el gobierno británico sobre la India. Los últimos vestigios del gobierno mogol habían sido derrotados y a la Compañía se le otorgaron derechos de administración y de impuestos sobre Bengala, lo que la convirtió en el gobernante *de facto*. Mir Jafar murió en 1765 y, cuando los directivos de la compañía se enteraron, Robert Clive escribió: «No es una exageración decir que todo el imperio está en nuestras manos». En efecto, así era.

La lucha de Joseph Knight por la libertad

Jamaica era uno de los bastiones comerciales del Imperio británico a finales del siglo XVIII. Las fuerzas inglesas conquistaron la isla caribeña en 1655 y para 1707 la declararon colonia inglesa. Como centro de plantaciones de caña de azúcar, el éxito de sus amos coloniales descansaba en el comercio de esclavos y se estima que, de 1655 hasta el final del comercio de esclavos en 1809, se transportaron de África a Jamaica unas seiscientas mil personas para convertirlas en esclavas. Una de ellas era un niño de 13 años, quien, en 1765, fue sustraído de su casa, alejado de su familia y encarcelado junto con otras 290 almas a bordo del barco negrero el Phoenix. Dicho barco llegó a la bahía de Montego en abril y comenzó a vender su carga humana. El capitán de la nave, John Knight, tomó al niño y lo vendió en privado al dueño de una plantación escocesa, sir John Wedderburn, quien le dio al adolescente un nuevo nombre: Joseph Knight (el apellido era una alusión a su secuestrador, el capitán Knight).

Wedderburn no estaba en Jamaica únicamente para amasar una fortuna, también era un prófugo. Su padre, el V baronet de Blackness, había sido ejecutado por traición después de un levantamiento jacobita y, no queriendo seguir su destino, Wedderburn huyó de Escocia en 1747. Desde entonces, se había convertido en uno de los mayores dueños de plantaciones en Jamaica, pues sus transacciones de azúcar le arrojaban ganancias inimaginables. Esperaba que esta nueva fortuna le ayudara no solo a regresar a Escocia, sino también a reclamar el lugar de su familia en la nobleza. Joseph Knight sería un peón en este plan: los sirvientes negros eran vistos como una señal de riqueza en Gran Bretaña, así que «criaría» a Joseph para que se convirtiera en su ayuda de cámara. Joseph fue entrenado, se le enseñó a leer y a escribir tanto en francés como en inglés y en tres años estaba nuevamente en otro barco, en esta ocasión con rumbo a Escocia.

Con un clima húmedo y ventoso, Escocia no era algo que Joseph hubiera visto antes y, aunque funcionaron los planes de Wedderburn para recuperar su estatus, las cosas no cambiaron mucho para Joseph, salvo el nuevo medioambiente. Aunque trabajaba en la finca Ballindean de Wedderburn en el condado de Perth, seguía siendo un sirviente y si bien estaba separado de los demás, todavía era un esclavo atado a su amo. Sin embargo, esto iba a cambiar gracias a un caso legal de gran trascendencia en Inglaterra. En noviembre de 1771, un esclavo de nombre James Somerset se encontraba encadenado para ser llevado de Londres a Jamaica, donde sería puesto en venta otra vez. Somerset había llegado recientemente a Inglaterra, pues había pasado la mayor parte de su vida como esclavo en Estados Unidos y en 1769 viajó a Londres con su amo, Charles Stewart. Somerset escapó poco después de haber llegado a la ciudad, pero fue recapturado y su castigo sería ser vendido nuevamente como esclavo. Por fortuna, se involucró un grupo abolicionista que declaró que Somerset había sido encarcelado ilegalmente. Una corte inglesa concluyó que no había un precedente legal para su detención y fue liberado en 1772. Fue una gran noticia y se difundió ampliamente, incluso, los titulares de algunos periódicos declararon que tal vez el caso Somerset pondría fin a la esclavitud en Gran Bretaña y les daría el derecho de dejar a sus amos a los esclavos que, como Somerset, habían sido comprados en otros países para ser llevados después a Gran Bretaña. Lamentablemente, lo que la prensa decía no era del todo cierto. El fallo del juez en el caso de James Somerset fue deliberadamente vago; no manifestaba ningún cambio significativo para la esclavitud como sistema, ni siquiera sugería que James Somerset ya no fuera esclavo, solo que Charles Stewart no podía detenerlo ni volverlo a vender; pero eso no era lo que los periódicos decían.

En julio de 1772, Joseph Knight leyó sobre el caso Somerset en un periódico local y creyó que eso significaba que, por ley, debería ser liberado. Curiosamente, esta no era la primera vez que Joseph investigaba la posibilidad de libertad. En 1768, después de llegar a Escocia, le había preguntado a Wedderburn si le podría pagar o le podría ofrecer la libertad. Este le prometió que lo liberaría dentro de siete años, pero un año después añadió algo más: le juró que le concedería una tierra y casa en Jamaica. No obstante, cuando 1772 cambió a 1773, Joseph comenzó a dudar de su palabra. Había esperado pacientemente a que su amo reconociera el caso Somerset y le diera su libertad, pero eso nunca sucedió y, aunque en un inicio Joseph no había querido mover las cosas, ahora tenía otro motivo para pelear.

Se había enamorado de Ann Thompson, una de las sirvientas de la finca. Lo más probable es que Ann fuera blanca por lo que la pareja tuvo que ocultar su relación en un principio; sin embargo, Ann pronto quedó embarazada. Se casaron en secreto, pero su alegría duró poco tiempo. Wedderburn despidió a Ann cuando descubrió su embarazo y, desesperado por cuidar de su familia, Joseph le suplicó que por fin lo liberara. De hecho, no quería dejar de trabajar para él, solo quería que le pagara, pero aquel se negó. Finalmente, se dio cuenta de que lo había estado engañando durante años y nunca había tenido la intención de liberarlo. Entonces, Joseph se liberó solito. Consideraba que desde 1772 había sido libre por ley, solo que había querido ir a lo seguro al esperar que Wedderburn lo declarara libre. Renunció en noviembre de 1773, tomó a su familia y dejó la finca Ballindean. Casi de inmediato se emitió una orden de arresto en su contra.

Fue aprehendido el 15 de noviembre y la corte falló en favor de Wedderburn: el esclavo que había escapado debía regresar con su amo.

Pero Joseph no lo hizo. Durante el proceso Wedderburn admitió que nunca había sido su intención liberarlo, y que sería su esclavo hasta que uno de los dos muriera. Esto era una evidencia irrefutable para Joseph, pues demostraba las mentiras de su amo y que estaba pasando por alto el precedente establecido por el caso Somerset. Entonces ahorró todo el dinero que pudo conseguir y en 1774 hizo lo impensable: lo llevó a la corte.

EVITANDO LA ABOLICIÓN

El Acta del Comercio de Esclavos de marzo de 1807 prohibió la participación de Gran Bretaña en el comercio de esclavos transatlántico; sin embargo, entró en vigor hasta 1833. Esto no quiere decir que hayan terminado los abusos a los derechos humanos. Muchas colonias británicas del Caribe cambiaron al uso de servicio contratado de gente predominantemente china e india, con reportes de violencia, agresión y falta de higiene y cuidados básicos, además de altas tasas de mortalidad.

Lo que hace aún más increíble la lucha legal de Joseph es que la mayor parte de sus argumentos descansaban mucho en su entendimiento del caso Somerset, que era incorrecto. Sin embargo, la firmeza de Joseph y la amplia desinformación del veredicto en el caso de James Somerset significaron que no solo aceptaron su reclamo, sino que el *sheriff* de Perth falló a favor de Joseph Knight: legalmente era un hombre libre. Por supuesto, Wedderburn no aceptó el resultado y presentó una apelación ante la Corte de Sesiones de Edimburgo en 1775. Hasta 1778 se emitió el veredicto final, pero la espera valdría la pena, dado que el fallo del juez fue:

«El estado de esclavitud no está reconocido por las leyes de este reino, y es inconsistente con los principios del mismo: que las regulaciones de Jamaica en lo concerniente a los esclavos no se extienden a este reino; y se rechazó la petición del demandado de un servicio perpetuo».

Joseph Knight había ganado. Más que eso, la redacción de su veredicto dejaba en claro que no era legalmente aceptable tener un esclavo en suelo escocés, y creaba así un puerto seguro para cualquier esclavo en Escocia que buscara su libertad. Aunque claro, en la práctica las cosas no eran tan simples, ya que algunos propietarios escoceses de esclavos ignoraron por completo el veredicto, pero fue un paso enorme hacia la abolición de la esclavitud. En cuanto a Joseph Knight, no sabemos con exactitud qué pasó después. Dejó de aparecer en los registros históricos y, en este caso, es tal vez una buena señal, ya que significaría que ya no tuvo más problemas. Lo último que sabemos de él es que se estaba preparando para vivir una bien merecida vida tranquila con Ann.

Los diamantes perdidos de María Antonieta

Es poco probable que María Antonieta haya dicho alguna vez las palabras «Que coman pasteles». Aun así, hasta el día de hoy esta frase sigue siendo su legado y no se debate que era el símbolo de todo contra lo que peleaban los revolucionarios franceses. Pero lo que orilló a María Antonieta a esa posición no fue necesariamente su estilo de vida lujoso o gustos caros, fueron tanto un engaño como un collar de diamantes que ni siquiera era suyo.

Alrededor de 1772, el rey francés Luis XV encargó a los joyeros parisinos Boehmer y Bassenge un elaborado collar de diamantes para su amante madame Du Barry. La pieza debía ser incomparable, con incrustación de 647 de los más finos diamantes que el dinero podía comprar, y con un costo de unos 330 millones de pesos actuales. Conseguir las joyas y fabricar el collar era una larga tarea, por lo que Luis XV no pudo llegar a verlo concluido, pues murió de viruela en 1774. Los joyeros se quedaron con un collar increíblemente caro y sin comprador, por lo que buscaron a la nueva reina, María Antonieta. Ella se rehusó a comprar la pieza, tal vez porque originalmente había sido pensada para su rival en la corte, madame Du Barry, aunque el motivo oficial que dio fue que era demasiado dinero que su esposo, el rey Luis XVI, podría gastar mejor en barcos. Los joyeros insistieron, desesperados por deshacerse de esa carga monetaria, pero la reina los rechazaba siempre. Así, el collar permaneció en las manos de Boehmer y Bassenge como un recordatorio contundente de los peligros de comerciar con reyes ancianos, hasta que una estafadora llamada Jeanne de Valois se fijó en los diamantes.

LAS AVENTURAS MAL PLANEADAS DE MADAME DU BARRY

Madame Du Barry, la destinataria original del collar, encontraría su fin debido al escándalo del robo de sus propias joyas. Después de haber sido congelada en la corte francesa por María Antonieta, Du Barry se retiró a su lujoso *château* donde vivió tranquilamente al inicio de la Revolución. Sin embargo, cuando la mayor parte de sus joyas fueron robadas en 1791, comenzó a viajar por Francia e Inglaterra buscándolas, hecho que llamó mucho la atención. Fue arrestada y decapitada en 1793.

Nacida en 1756, Jeanne de Valois-Saint-Rémy provenía de la nobleza, aunque ya para ese momento su familia se encontraba completamente arruinada (su padre había muerto en una pobre casa parisina), esto no detuvo su búsqueda de gloria dentro de los escalones más altos de Francia. Se reinventó como Jeanne de Valois, y afirmó estar ligada al trono francés por una línea bastarda. Se casó en 1780 con el «conde» Nicolás de La Motte, un sujeto que se autoproclamaba de la nobleza aunque no tenía ni dónde caerse muerto. La pareja planeó llegar a la corte francesa y llevó consigo a un charlatán, amigo de Nicolás, amante ocasional de Jeanne y presunto proxeneta, Rétaux de Villete.

En 1783, la pareja conoció al cardenal De Rohan, el antiguo embajador de mediana edad en Viena. Había caído de la gracia desde su estancia en Viena, pues durante esta, había logrado enfurecer a la madre de María Antonieta, la emperatriz María Teresa, y por lo tanto no era precisamente bien recibido en la corte. No obstante, De Rohan era muy rico y estaba desesperado por recuperar su poder, lo que lo volvía el peón perfecto para el plan de Jeanne. Ella se convirtió en su amante y le prometió que como María Antonieta era su «prima», se encargaría de arreglar las cosas entre ambos. Encantado, comenzó a escribir cartas en las que suplicaba el perdón de la reina, cuyas respuestas eran elaboradas y devueltas por Rétaux de Villete. Sin embargo, para 1784, De Rohan comenzó a sospechar porque le había estado escribiendo a María Antonieta durante meses y nada había cambiado. Para mantenerlo esperanzado, el trío encontró a una joven prostituta, Nicole Le Guay, quien se parecía un poco a la reina. Bajo el amparo de la noche, introdujeron sigilosamente a Nicole en los jardines de Versalles para que se encontrara con él y le asegurara su favor. El engaño funcionó y le permitió a Jeanne dar el golpe de gracia.

Le informó a De Rohan que María Antonieta estaba lista para recibirlo de regreso; sin embargo, primero necesitaba entregar una especie de ofrenda de paz: el collar de diamantes de Boehmer y Bassange. Era demasiado caro como para que María Antonieta lo comprara y por ello, De Rohan debía comprárselo en secreto. El cardenal proporcionó las cartas falsas de Rétaux de Villete como prueba de las órdenes de la reina para la compra que se llevó a cabo en febrero de 1785. No pasó tanto antes de que Jeanne se embolsara el collar, lo mandara desmontar y vendiera los diamantes en el mercado negro. Pero el asunto no permaneció en secreto mucho tiempo, gracias a que los joyeros le escribieron un críptico mensaje a María Antonieta para agradecerle que finalmente hubiera comprado el collar. Como era de esperar, la reina se desconcertó y se abrió rápidamente una investigación. El cardenal fue arrestado en Versalles el 15 de agosto de 1785 y en los días siguientes también capturaron a Nicolás y a Rétaux, junto con Nicole Le Guay y otro estafador que se aprovechaba del crédulo cardenal, un mago y supuesto sanador físico, Alessandro di Cagliostro.

Pasarían meses para que dieran inicio los juicios de los arrestados y, en la búsqueda de más noticias sobre el escándalo comenzó un comercio de panfletos de chismes. Este tipo de folletos no era nada nuevo; de hecho, pocos meses después del arresto de los conspiradores, la policía aprehendió a Pierre-Jacques Le Maître, quien había pasado años creando panfletos políticos cuyo objetivo eran la monarquía y el gobierno. Durante la década de 1770 surgieron otros similares en los que se hacía burla de María Antonieta por ser extranjera, sus gustos caros y sus presuntos amantes. Así, fue fácil que el pueblo creyera estas nuevas divulgaciones sobre el asunto del collar de diamantes: María Antonieta era la mujer detrás de todo ese embrollo. Sus gustos eran tan extravagantes e inflexibles que se había coludido con prostitutas y proxenetas para gastarse el dinero del pueblo francés en una tontería ridícula. Reafirmaban todos los rumores difamatorios y, para mayo de 1786, el odio hacia la reina era tan fuerte que no podía visitar Notre-Dame porque la policía no podía protegerla de la turba.

Finalmente comenzaron los juicios, y aunque la corte exoneró a María Antonieta, la opinión pública no lo hizo. A pesar de haber sido declarada culpable, Jeanne logró escapar de prisión y huyó a Londres, donde publicó, en 1789, sus *Memoires Justificatifs de La Comtesse de Valois de La Motte* (Memorias en defensa de la condesa de Valois de La Motte), texto que echó más leña al fuego. Jeanne describió a María Antonieta como una figura fría y calculadora, y la acusaba de ser una ninfómana y lesbiana en secreto. Esto no pudo llegar en peor momento para la familia real francesa, pues en julio cayó la Bastilla y conforme la revolución avanzaba por el país, las memorias de Jeanne echaron raíces. De hecho, en los siguientes meses y años, el recuerdo del asunto del collar de diamantes provocó un mar de panfletos que pintaban a la reina como un monstruo codicioso y una prostituta lasciva. Pero Jeanne no regresaría para ver las ramificaciones de su estafa, pues murió en 1791 presuntamente al huir de sus acreedores. María Antonieta y su esposo murieron en 1793 a manos de los revolucionarios. Es cierto que los reyes gastaron de manera frívola mientras que la mayor parte de su pueblo tenía hambre, pero del crimen que solidificó el veneno en su contra, de ese, María Antonieta era inocente.

Parte iv

El siglo xix

El testamento de Pedro el Grande

Los logros del ruso Pedro el Grande han sido, en cierto sentido, mitificados y relacionados en años recientes con los sueños de Iván III e Iván el Terrible de «reunificar las tierras rusas» para promover y justificar guerra e invasión. Pero no es la primera vez que su historia se ha manipulado para apoyar capítulos históricos completamente disparatados. De hecho, existe una falsificación de su testamento que, en algunos círculos, sigue tomándose como cierta y ha tenido impacto en la política global desde el siglo xix hasta la fecha.

El historiador y propagandista francés Charles Louis Lesur publicó en 1812 el libro *Des Progrès de la puissance russe depuis son origine jusqu'au commencement du xix siècle* (Sobre el progreso del poder ruso desde su origen hasta el siglo xix). El libro formó parte de una campaña impulsada por Napoleón Bonaparte para justificar la invasión de Francia a Rusia e incluía el «Testamento de Pedro el Grande». Era un plan de 14 pasos con el objetivo de que Rusia se apoderara de toda Europa y conquistara otros países como Persia (actual Irán), India y Turquía. Los pasos del presunto plan incluían mantener a Rusia en guerra constante, crear anarquía en Polonia, poner en contra a estos dos países, y tomar el control de los mares Báltico y Negro. Lesur argumentaba que, aunque Pedro el Grande había muerto en 1725, seguía siendo una amenaza para toda Europa. Reconocido por ser el fundador del Imperio ruso y por expandir su territorio, de hecho, solo había preparado el escenario para la tarea que le dejaría a sus sucesores: la dominación. Francia tenía que invadir Rusia; de otra manera, Rusia se apoderaría primero de Europa y luego, tal vez del mundo. Lesur no daba pruebas de la existencia del testamento y no hay registro histórico del mismo antes de las declaraciones que dio en 1812. Aun así, esto no se investigó en su momento porque hizo un muy buen trabajo al crear algo que provocaría poderosos niveles de miedo y desconfianza.

Finalmente, en 1836, se dieron «pruebas» del descubrimiento del supuesto testamento, aunque provenían de una fuente extraña: la espía francesa Le Chevalier d'Éon. La espía había muerto en 1810 y desde entonces había una gran demanda de información sobre su vida y muerte. El motivo era que D'Éon había vivido principalmente como mujer, muy celebrada por las primeras feministas como símbolo de lo que las mujeres podían lograr. La autopsia demostró que tenía órganos masculinos y, aunque muchos historiadores ahora creen que lo más probable es que fuera transgénero, este no era el punto de vista en 1836: si un hombre había estado décadas «pasando» como mujer, quién sabe qué otras cosas podría haber hecho. La respuesta llegó con la biografía de D'Éon, *Memoires du Chevalier d'Éon* (Memorias del Caballero d'Éon), escrita por Frédéric Gaillardet. Es una mezcla de su vida real con fantasía en la que relaciona tantas figuras famosas y eventos como es posible para crear nuevos y excitantes sucesos y aventuras. Uno de estos incluía su descubrimiento del testamento de Pedro el Grande y su envío a Francia en 1757. No existe evidencia de que esto haya ocurrido, no hay un registro documental u otros archivos, ninguna mención ni siquiera por parte de D'Éon en su biografía publicada en 1779 por un escritor anónimo. Aun así, es una gran historia y como ya hemos visto, en algunas ocasiones eso es suficiente para convertir la ficción en realidad. Y ciertamente lo fue para el historiador Walter Kelly, quien incluyó la versión de los sucesos de Gaillardet en su volumen *The History of Russia* (La historia de Rusia). Curiosamente, Kelly declara que «se han expresado dudas tanto sobre las memorias como sobre el supuesto testamento» y que la evidencia que apoyara dichas dudas nunca había «pasado por una investigación minuciosa», pero concluye que la historia rusa alrededor de la reunificación de las tierras rusas es evidencia suficiente para probar que el testamento era válido. Con esto, Kelly reforzó el testamento de Pedro el Grande en los anales de las leyendas históricas, y hasta la fecha tanto él como Gaillardet son las fuentes más citadas para su legitimidad.

PEDRO EL GRANDE

Pedro I o Pedro el Grande fue coronado en 1682; primero gobernó junto con su medio hermano, Iván V, hasta que en 1696, tras la muerte de Iván, se convirtió en el único gobernante. Hoy en día, se le reconoce la modernización de Rusia y la consolidación de su lugar dentro de Europa.

Después, el testamento fue catapultado a la primera línea de la política global luego del estallido de la guerra de Crimea en 1853. Los periodistas corrieron a incluir el testamento en la cobertura que hicieron de los actos de guerra de Rusia; se podría decir que los escritos de Karl Marx y Federico Engels en el *New York Tribune* fueron los más grandes instigadores de esto, pues decían que el testamento guiaba toda la política externa de Rusia, probando así «el barbarismo intrínseco de

Rusia misma». El pánico alrededor de las últimas maquinaciones de Pedro el Grande se estaba agravando rápidamente, tanto, que en 1859 al fin se iniciaron investigaciones históricas serias y minuciosas y, para finales de la década de 1870, múltiples descubrimientos concluyeron que el testamento era una fabricación de Lesur.

A pesar de ello, nunca se dejó de usar el testamento; era una herramienta de propaganda demasiado buena. Así lo demostró Alemania durante la Primera Guerra Mundial, al amenazar tanto a Francia como a Irán con nuevas versiones del mismo en un intento por lograr que se pusieran en contra de Rusia. En la Segunda Guerra Mundial trató de seguirse el mismo objetivo, aunque ahora se extendió a todos los países europeos aliados de Rusia. Entonces, en 1948, cuando comenzaba a calentarse la Guerra Fría, el presidente de Estados Unidos, Harry S. Truman, escribió que temía que nunca se pudiera llegar a ningún acuerdo con la amenaza soviética: «tienen ideas fijas, y dichas ideas fueron expuestas por Pedro el Grande en su testamento —sugiero que lo lean—». En respuesta, el abogado Greenville Clark envió una exaltada nota, escrita toda en mayúsculas: «SE PUBLICÓ CON FINES PROPAGANDÍSTICOS, POCO ANTES DE LA INVASIÓN DE NAPOLEÓN A RUSIA Y, AL PARECER, AHORA SE ESTÁ USANDO CON FINES SIMILARES». Lo anterior no logró un cambio, pues varios asistentes de Truman afirmaron después que el presidente continuó, cuando menos en privado, diciendo que creía en el testamento. Y así ha seguido, a pesar de haber sido desmentido desde hace más de cincuenta años. Cada vez que Rusia se vea envuelta en una guerra o invasión, puedes estar seguro de que saldrá a la luz el testamento de Pedro el Grande.

El mundo imaginario de Gregor MacGregor

Mientras se iba afianzando en la conciencia europea la falsificación de Lesur, otra serie de invenciones llevaron a un grupo de pioneros a la costa de Mosquitos en Colombia. Ávidos por conseguir una tajada del pastel del colonialismo, compraron tierras en el hasta ese momento desconocido y deshabitado paraíso de Poyais. El 10 de septiembre de 1822, los pioneros partieron desde el puerto de Londres para comenzar una nueva vida y, con suerte, ganar una fortuna en el proceso. El único problema era que Poyais no existía y los colonizadores estaban a punto de encontrarse atrapados en los páramos desolados de su propio paraíso perdido.

Detrás de este desastre se encontraba Gregor MacGregor. Nacido en Escocia en 1786, hijo de un capitán de la Compañía Británica de las Indias Orientales, pasó gran parte de su juventud viviendo del dinero de la familia y avanzando a pesar de sus fracasos. Se compró un título dentro de la milicia británica, pero para 1810, su incapacidad para trabajar en equipo y los altercados con sus superiores dieron como resultado su renuncia forzada. Comenzó a vivir de la riqueza que había heredado su esposa, pero cuando ella murió repentinamente en 1811, él se vio obligado a encontrar un trabajo y se fijó el objetivo de convertirse en mercenario. Las guerras de independencia entre España y América estaban en marcha desde 1808. MacGregor era tan solo uno de varios asesinos a sueldo que eran bien recibidos por las facciones que peleaban por la independencia de España, que en parte fue detonada por la invasión napoleónica de la península ibérica, pero más que nada por un progresivo descontento profundamente enraizado contra la autoridad española. Al llegar a Venezuela en 1813, decidió que no quería tener que esforzarse para ascender en rango y entonces se inventó un currículum fantástico: ahora era sir Gregor, un héroe de cuento de la milicia británica. Sus afirmaciones deslumbraban tanto que no pasó mucho tiempo antes de que se encontrara peleando en la guerra de independencia de Venezuela, directamente bajo las órdenes de Simón Bolívar, conocido también como el «Libertador». Durante los siguientes años sobresalió y para 1820 dirigía misiones mercenarias con el título de general de división del ejército de Venezuela y Nueva Granada.

Fue durante una misión en la primavera de 1820 que MacGregor llegó a la costa de Mosquitos y supo de Poyais. La tierra era parte de la nación Misquita (aunque con mayor frecuencia en ese tiempo se le decía Mosquito) y en algún momento había sido el hogar de una colonia británica. Sin embargo, en 1876, los colonizadores británicos fueron movidos a la colonia cercana de Honduras británica, como parte de un arreglo diplomático con España. Aun así, la nación Misquita y Gran Bretaña habían mantenido relaciones amistosas hasta que, en 1814, un tal George Arthur fue nombrado teniente gobernador de la Honduras británica. En ese momento, Honduras era hogar de aproximadamente unos tres mil esclavos, muchos de los cuales provenían de la costa de Mosquitos, ya fueran misquitos que habían sido vendidos como esclavos o prisioneros que habían vendido de las redadas a tribus rivales. A George Arthur le sorprendió el trato inhumano a los esclavos y estaba intentando arreglar su libertad, algo que no les sentó bien a los propietarios de estos ni al rey de Mosquito. Al ver que la situación estaba cambiando, el rey esperaba desvincularse encontrando nuevos propietarios para parte de sus tierras. Cuando Gregor MacGregor llegó, parecía el candidato perfecto: era totalmente ignorante de la confusión que había y al parecer no le importaba el hecho de que, aunque Poyais había sido en algún momento una rica tierra verde con oportunidad de comercio próspero de madera, para ese momento era inhabitable, como consecuencia de años de inactividad.

Curiosamente, cuando Gregor MacGregor compró Poyais, no estaba planeando una gran estafa. Esperaba construir una colonia que sirviera a los intereses republicanos de América Latina y que también se convirtiera en un centro para el comercio británico. De hecho, había intentado esto mismo unos años antes, en 1817, al reclamar la «República de la Florida» en la guarnición de una isla española cerca de la costa de Florida. Sin embargo, a los tres meses de haber fundado esta nueva colonia, la amenaza de un ataque español lo hizo huir y abandonar el proyecto. Lo volvió a intentar en 1819, en esa ocasión trató de apoderarse de los puertos españoles cerca de la bahía de Honduras e incluso se coronó «su Majestad el Inca de Nueva Granada». Cada vez que los españoles atacaban, MacGregor escapaba y perdía sus nuevas tierras. Poyais era el último de sus intentos para fundar su colonia y cuando menos, en esta ocasión, no había robado las tierras.

Cuando Gregor MacGregor regresó a Gran Bretaña en 1821, fue bajo el nombre de cacique de Poyais. Sabía que Poyais, así como estaba, no resultaría tentador para ningún comprador, entonces armó una campaña de mercadotecnia sobre lo que este territorio podría ser en un futuro lejano (aunque omitió la parte de lo «lejano» que era). Se hicieron panfletos, folletos y mapas para resaltar las pintorescas cordilleras, los mares azules y el suelo tan fértil que podía producir dos cosechas por temporada. Se le pagó a un tal capitán Strangeways para que hiciera un libro guía que enfatizara la magnitud de las increíbles fortunas que se podían amasar con la madera del lugar. Conforme incrementaban sus esfuerzos para vender, también lo hacían las mentiras que MacGregor decía, así como el peligro al que estarían sujetos los nuevos compradores.

Para 1822, el proyecto Poyais había crecido lo suficiente como para abrir oficinas en Edimburgo y Londres, lo que le otorgó un aire de legitimidad a la incipiente estafa. Ese mismo año, se sumaron las financieras y le concedieron un préstamo por doscientas mil libras (aproximadamente unos 590 millones de pesos actuales). Los colonos en ciernes esperaban la autorización de MacGregor para trasladarse a su nuevo paraíso y, nunca dispuesto a dejar pasar una oportunidad, accedió. Adquirió un barco para el viaje, el Honduras Packet, emitió una nueva moneda e hizo que los colonos «cambiaran» todo su dinero por esos pedazos de papel. Una vez realizado lo anterior, embarcó a los colonos hacia un páramo estéril en septiembre de 1822.

El Honduras Packet llegó a Poyais a principios de 1823 y cuando los pasajeros empezaron a desembarcar, arrasó un huracán. El capitán del barco huyó para evitar lo peor del clima, pero se llevó la mayor parte de los suministros y dejó a los colonizadores abandonados con pocas cosas para sobrevivir. La situación empeoró rápidamente cuando el 22 de marzo, arribó un segundo barco de colonos. El capitán huyó una vez más y ahora había cerca de 250 personas atrapadas en Poyais. Ninguno iba preparado para lo que les esperaba y sus intentos rudimentarios por sobrevivir fracasaban una y otra vez. Las semillas que plantaban se marchitaban y morían, sus tiendas de campaña y cabañas improvisadas no soportaban el clima y, sin medidas de higiene adecuadas, pronto las enfermedades asolaron sus campamentos. Por suerte, entre los sobrevivientes y los misquitos, la noticia de los náufragos llegó a la Honduras británica y en mayo se organizó una misión de rescate. Una gran parte de los que sobrevivieron a la aventura colonial se estableció en Belice y unos cuantos regresaron a Gran Bretaña. Dos barcos más llenos de colonos de MacGregor llegaron en 1823, pero afortunadamente, al ver la desolación que les esperaba, regresaron o se fueron a Belice.

EXTRAÑO PERO CIERTO

Al estudiar el extraño plan de MacGregor, muchos historiadores en un inicio pensaron que el libro guía del capitán Strangeways debía ser falso y que lo había escrito el mismo Gregor MacGregor. Sin embargo, realmente existió un capitán Thomas Strangeways, antiguo oficial del 65.° regimiento que en algún momento estuvo estacionado en las Indias Occidentales Británicas. El motivo por el cual decidió participar en la estafa no lo sabemos.

Mientras tanto, no podían encontrar en ninguna parte a Gregor MacGregor, pues huyó de Gran Bretaña en cuanto se propagaron las noticias sobre el desastre de Poyais. Sin embargo, volvió a aparecer dos años después en Francia, donde una vez más estaba instalando oficinas para vender terrenos en Poyais, en esta ocasión con la promesa de que la tierra era rica en oro. De alguna forma logró volver a tener éxito con esta estafa, consiguió colonos e incluso un préstamo por trescientas mil libras. Afortunadamente, justo antes de que zarparan los barcos franceses, las autoridades lo capturaron y, hacia finales de 1825 ya enfrentaba cargos por fraude. Los cargos fueron retirados por razones desconocidas y, en 1827, el estafador tomó la extraña decisión de regresar a Gran Bretaña para volver a intentar el engaño. Casi inmediatamente lo arrestaron por fraude pero, una vez más, se retiraron los cargos. Después de este susto dio por terminadas sus maquinaciones ilícitas y vivió de sus ganancias mal habidas hasta que regresó a Venezuela en 1839. Ahí le devolvieron el cargo como general de división y se le dio una pensión considerable. Gregor MacGregor murió en 1845 en Caracas y en su obituario es alabado como un «héroe».

El gran engaño de la Luna

El 25 de agosto de 1835, los residentes de Nueva York se despertaron con la sorprendente noticia de que el astrónomo británico sir John Herschel había encontrado vida en la Luna. Y no era cualquier tipo de vida, sino toda una sociedad de seres sofisticados que habían construido monumentos descomunales junto con sistemas ecológicos para aprovechar la abundancia de ríos y bosques de la Luna. Este trascendental descubrimiento fue reportado por el periódico *New York Sun* de un extracto que había adquirido de la edición de ese mes de la revista *Edinburgh Journal of Science*, y como no deseaban dejar a sus lectores con incertidumbre ante semejante hallazgo científico, el *Sun* prometió publicar más información en la edición del día siguiente. Y cumplieron con creces, pues pronto compartieron la noticia de que la Luna se encontraba llena de hombres murciélago que volaban a grandes alturas sobre la superficie lunar, así como manadas de unicornios y castores que parecían en parte humanos.

Se desató una histeria absoluta, el periódico se vendía tan rápido que lectores ávidos rodearon las oficinas para obtener una copia de la última edición. Se les unió un equipo de científicos de la universidad de Yale, entusiasmado por hablar con el equipo de la revista *Edinburgh Journal of Science*. Sin saber cómo reaccionar al respecto, el personal del *Sun* mandó a los científicos en una búsqueda infructuosa por todo Nueva York hasta que finalmente se cansaron y regresaron a Yale. Sir John Herschel, quien se encontraba en una expedición en África, se enteró hasta unos días después del fervor que había despertado su descubrimiento, y se desconcertó por completo, ya que él nunca había realizado tal investigación. Los editores y escritores del *Edinburgh Journal of Science* estaban igual de perplejos, principalmente porque la revista había cerrado tres años antes. No pasó mucho tiempo para que el público en general descubriera que los habían engañado (siendo sinceros, las dudas comenzaron a surgir en cuanto metieron a los hombres murciélago en el cuento).

La prensa británica no tardó en burlarse de los estadounidenses por creer semejante tontería, a pesar de ello, bastante tiempo después de descubierto el engaño, varios periódicos internacionales, incluyendo algunos en la misma Gran Bretaña, retomaron partes del artículo del *Sun* y las publicaron como ciertas. El periódico de Londres, el *Herald*, declaró que los estadounidenses eran adictos a las emociones fuertes: «Cuando no hay una, debe generarse de una u otra forma, pues para el estadounidense es una especie de alimento intelectual». No obstante, no fue un estadounidense el que inventó el engaño: fue el editor del *New York Sun*, de origen británico, Richard Adams Locke.

Antes de que el engaño de la Luna llegara a las páginas del periódico, el *Sun* tenía a duras penas ocho mil lectores; después de que publicaran la noticia sobre el «hallazgo» de Herschel eran cerca de 19 360, lo que lo convirtió (brevemente) en uno de los periódicos más leídos de Estados Unidos. Todo había sido un elaborado ardid para ganar lectores y había funcionado; aun después de descubierto el engaño, el periódico no enfrentó muchas repercusiones ya que para los lectores fue algo divertido mientras duró. El mismo Herschel se rio del asunto y lo llamó «una muy ingeniosa pieza de imaginación». El único daño duradero real fue el coraje del joven escritor Edgar Allan Poe, quien acusó al periódico de robar su historia «La incomparable aventura de un tal Hans Pfaall», publicada dos meses antes que el engaño de la Luna. Curiosamente, Poe no estaba molesto solo porque Locke hubiera plagiado su obra, sino porque esperaba que Hans Pfaall fuera una broma satírica de larga duración.

Hasta ese momento, este tipo de grandes engaños públicos había sido el terreno de escritores y participantes al azar: individuos como Mary Toft o autores como Monmouth y Mandeville. A medida que la ciencia fue creciendo en el siglo XVIII, también lo hizo la obra de escritores que se inspiraban en los descubrimientos científicos para crear ficción fantástica y, como Poe, si podían hacer pasar sus cuentos como hechos, cuando menos por un tiempo, incrementaban considerablemente su número de lectores. El *New York Sun* había echado la casa por la ventana y, al hacerlo, creó un nuevo género: las *fake news* (noticias falsas). Esto fue adoptado por los periódicos como una manera fácil de llenar los días sin muchas noticias y vender así más ejemplares. Incluso Edgar Allan Poe olvidó su coraje hacia Locke, una vez que lo contrataron para crear sus propias noticias falsas en *El camelo del globo* en 1844.

EL VERDADERO HERSHEL

Aunque no descubrió vida en la Luna, sir John Herschel sí le dio nombre a varias de las lunas de Saturno y Urano; también descubrió varias galaxias. Además, se le atribuye el establecimiento del uso del día juliano en la astronomía. Su obra de 1831, *A Preliminary Discourse on the Study of Natural Philosophy* (Discurso preliminar sobre el estudio de la filosofía natural) inspiró a Charles Darwin.

Conforme transcurría el siglo xix, también lo hacía la locura por las noticias falsas. Muchas eran sobre cosas bastante ridículas, como el engaño de Maggie Murphy en 1895 sobre un hombre cargando una papa gigante. Sin embargo, sobresale el trabajo del periodista novato Samuel Langhorne Clemens, después conocido como Mark Twain. En 1862, se metió en las aguas oscuras de las noticias falsas con un artículo sobre un hombre petrificado que se había convertido en atracción turística en una cadena montañosa californiana. Sin embargo, conforme más periodistas se dejaron llevar por la falsificación de noticias, el nivel de sus mentiras fue en aumento. Twain llevó la situación al extremo en 1863, cuando escribió en el *Territorial Enterprise* sobre un hombre llamado John Hopkins que había asesinado a su mujer e hijos, después de enloquecer por la pérdida de sus inversiones en servicios públicos en San Francisco. Afortunadamente ni Hopkins ni su familia existían, pero al inventar esta noticia macabra, Twain quería no solo captar la atención de sus lectores, sino demostrarles las fallas que veía en las prácticas de las compañías de servicios públicos. Casi perdió el trabajo por esta artimaña, pero ya se había sentado un precedente. Lejos estaban los días de los unicornios y los hombres murciélago; las noticias falsas estaban a punto de entrar en una era muy peligrosa.

Abraham Lincoln y la invención de la miscegenación

Abolición era la palabra del momento en la víspera de las elecciones presidenciales de Estados Unidos en 1864. Se llevaron a cabo en medio de la guerra de Secesión con la completa abstención de los Estados Confederados; en las mentes de la mayoría de los políticos el enfoque de la elección debía estar en el futuro de la Unión: continuar la guerra o negociar la paz. Pero el asunto de la emancipación era ineludible. El candidato democrático, George B. McClellan, consideraba la esclavitud como una institución protegida por derechos constitucionales, por lo que cuando propuso el restablecimiento completo de la Unión, con la oportunidad de que cualquier Estado Confederado que se uniera sería «recibido de inmediato con la garantía de todos sus derechos constitucionales», lo que estaba diciendo, en esencia, era que en su presidencia no se obligaría a ningún estado a liberar a sus esclavos. En la otra esquina estaba el candidato republicano y actual presidente, Abraham Lincoln, quien había estado involucrado en el tema de la abolición desde su primer mandato. Entre 1861 y 1862 intentó varias estrategias que fracasaron para comprarles a los dueños sus esclavos, lo que llevó a la Proclamación de Emancipación de 1863, la cual convertía en ley que todos los esclavos que hubiera en los estados «rebeldes» «son y serán, de ahora en adelante, liberados». Por supuesto, serían liberados si la Unión ganaba, pero Lincoln había dejado en claro su posición, y después de la proclamación, logró escapar un estimado de doscientos mil esclavos bajo la promesa de libertad.

Entonces, un voto por Lincoln sería un voto por la abolición de la esclavitud. Lo anterior provocó inconformidad dentro del partido Republicano, pues muchos de los ricos perderían millones en capital humano si seguía adelante la emancipación, por no mencionar el miedo a que la abolición generara todavía más guerra. También estaba la llamada prensa Copperhead o de los *demócratas por la paz*, que eran los periódicos alineados con una facción pacifista del Partido Demócrata y que culpaban a la abolición de la guerra. La mayor parte de estas publicaciones surgió en el tiempo de la Proclamación de Emancipación; se dedicaron a crear historias que con frecuencia hacían uso de pseudociencia imaginaria para demostrar que la gente negra era inferior, o para publicitar noticias (reales o inventadas) que podían manipularse para pintar a la población negra de Estados Unidos como «bárbara» y «monstruosa». Sin embargo, en lo que tuvieron mayor éxito fue en generar alarmismo: la emancipación llevaría a la llamada «supremacía negra». Por ejemplo, en julio de 1863, el periódico Copperhead *The Age* utilizó los reconocimientos otorgados al 1.er Regimiento de Infantería de Kansas de Soldados de Color para argumentar que: «Suponemos que esto es otra confirmación de lo que representa realmente la doctrina de la abolición, ¡que un negro es tan bueno como un blanco!... la adoración del "ídolo de ébano" sigue en marcha, mientras que el interés de millones de hombres blancos libres se ignora por completo en esta guerra cruel en favor de los "africanos" y su raza».

Dos periodistas, David Goodman Croly y George Wakeman, se dieron cuenta de que si querían prevenir efectivamente la emancipación, no podían limitar la causa a la prensa Copperhead nada más. Necesitaban enfocarse en los abolicionistas. Croly era el director editorial del *World*, un periódico neoyorquino que apoyaba el movimiento Copperhead, y Wakeman era reportero de este, y en 1863 ambos comenzaron a escribir un panfleto titulado *Miscegenation: The Theory of Blending of the Races* (Miscegenación: la teoría de la mezcla de razas). El autor «anónimo» citaba que la ciencia había demostrado que los hombres negros estadounidenses eran el «ideal de la verdadera hombría» y que el futuro de la humanidad dependía del matrimonio interracial, ya que «las razas mezcladas o miscegenadas son superiores mental, física y moralmente a aquellas que son puras o sin mezclar». Tales ideas eran de una naturaleza deliberadamente revolucionaria. La noción de un matrimonio interracial era tabú, incluso dentro de los grupos abolicionistas, al grado que Croly y Wakeman terminaron inventando una palabra para describir el concepto pseudocientífico de las relaciones interraciales: miscegenación. También hay que señalar que ninguno de los dos creía en realidad nada lo que estaban escribiendo; de hecho, era justo lo contrario, pensaban que los blancos eran superiores por naturaleza. El panfleto era parte de un plan más complejo. Buscaban infiltrarse entre los abolicionistas, hacerlos firmar el provocativo documento y luego imprimirlo en su propio periódico para generar miedo de la idea.

Miscegenation comenzó a llegar a las puertas de las casas de los líderes del movimiento abolicionista en diciembre de 1863. Dos meses después, en febrero, se publicó, se puso a disposición en los puestos de periódicos y se publicitó fuertemente en la prensa a favor de la abolición. Pronto, esta teoría moderna de la «miscegenación» se convirtió en un tema candente e incluso se debatía en la Cámara de Representantes. Circulaban rumores de que con Lincoln se haría ley la miscegenación forzada (y que ese había sido el plan desde un inicio). Croly y Wakeman se dedicaron alegremente a exacerbar el caos que habían creado ellos mismos y escribieron en el *World*: «Si se recomienda que un hombre blanco se case con una mujer negra para que esta engendre a sus hijos, entonces se podría pedir la misma solución en relación al incesto o cualquier otra abominación que los progresistas no hayan bautizado todavía con un eufemismo».

La miscegenación se había convertido en un tema de campaña hecho y derecho. Conforme se acercaba la fecha de las elecciones en septiembre de 1864, algunos antiabolicionistas intentaron llevar a cabo una guerra racial sin cuartel. En julio del año anterior, un contingente de la comunidad de irlandeses blancos neoyorquinos atacó a ciudadanos negros, lo que dio como resultado unos 120 muertos. Croly y Wakeman aprovecharon este suceso en sus escritos para *Miscegenation* y, en determinado momento, declararon: «la unión entre negros e irlandeses será en definitiva un beneficio para estos últimos. Son una raza más salvaje y una civilización más inferior que la negra… claro, nos referimos a los irlandeses obreros». Los panfletos que contenían semejante cita circulaban por Nueva York. Para echar más leña al fuego, el *World* publicó un relato supuestamente satírico acompañado de caricaturas, el cual contaba que la ciudad acababa de ofrecer un «Baile de Miscegenación» en honor a Lincoln. Muchos entendieron lo anterior como un suceso verídico, en el que «150 mujeres negras como el carbón» bailaron con políticos republicanos y el autor señalaba: «el olor era tan fuerte que nos hacía estornudar, entonces comenzamos a retirarnos del Baile de Miscegenación».

LA MISCEGENACIÓN DE MARK TWAIN

En mayo de 1864, decidido a no ser superado como el rey *de facto* de los engaños periodísticos, Mark Twain publicó su propia versión del engaño de la miscegenación, en la que afirmaba que los fondos recolectados para los soldados de la Unión se estaban desviando para «ayudar a una sociedad miscegénica en alguna parte del Este». Luego se disculpó por la noticia falsa diciendo que la había escrito mientras estaba borracho. Sin embargo, esta y sus otras cuestionables tácticas periodísticas provocaron que lo retaran a duelo, por lo que Twain huyó a San Francisco.

A fin de cuentas, los esfuerzos de Croly y Wakeman fracasaron y Lincoln fue electo presidente en 1864. Dos semanas después de que Lincoln regresara a la Casa Blanca, el *World* «expuso» la miscegenación como un engaño, y aunque por supuesto, no mencionó ni a Croly ni a Wakeman, sí señaló: «los malintencionados bromistas, sus autores, dejaron que los sucesos siguieran su curso natural; y desde la seguridad de su anonimato, observaron con deleite los honores casi divinos que se rindieron a su Abad del Desorden». Todo esto se dejó pasar como una broma pesada inofensiva de dos pícaros insolentes y, como tal, la noticia de su elaborada mentira permaneció relativamente acotada, sin ser lo bastante interesante para que algún otro periódico estadounidense la retomara. Sin embargo, la teoría de la miscegenación y el miedo a su alrededor continuó en el consciente público. En las décadas siguientes, varios estados promulgaron leyes de miscegenación, prohibiendo legalmente el matrimonio interracial. En 1883, la Corte Suprema de Estados Unidos determinó que esas leyes no constituían una falta a ninguna parte de la constitución y sería hasta 1964 que darían inicio los trabajos preliminares en la ley estadounidense para revertir esto y evitar que los estados prohibieran el matrimonio interracial. Tal vez Croly y Wakeman no lograron acabar con Lincoln, pero sí se salieron con la suya con algo igual de grande, que condujo a más de un siglo de sufrimiento, división y amores perdidos.

El Gran Estafador

Una de las grandes refutaciones a la miscegenación provino de P. T. Barnum, quien, en el libro que publicó en 1865, *Humbugs of the World* (Charlatanes del mundo), aplaudió el engaño y se deleitó en la forma en que sus autores lograron embaucar a tantos mientras divulgaban una ideología que incentivó la separación de la gente por su raza. Esta puede resultar una opinión sorprendente por parte del famoso *showman*, cuyas apariciones recientes en la cultura pop lo han mostrado como un hombre cálido que cerró la brecha entre las diferencias humanas. Sin embargo, detrás de esa brillante fachada yace algo mucho más oscuro y más dañino históricamente hablando.

Nacido en 1810, Phineas Taylor Barnum había emprendido y fracasado en varios negocios antes de toparse con el mundo del espectáculo en 1835. Había rumores de una atracción de feria en Filadelfia llamada «¡La mayor curiosidad natural y nacional en el mundo!». Dicha curiosidad era una mujer negra llamada Joice Heth, la cual se aseguraba tenía más de 160 años y había sido la niñera de George Washington. Joice era propiedad de un tal R. W. Lindsay, quien quería venderla y regresar a su casa en Kentucky. Barnum se apareció, compró a Joice por mil dólares e inmediatamente se marchó con ella de gira por el noreste de Estados Unidos. Los *shows* comenzaban con una lectura del contrato de venta de Joice antes de que la anciana desfilara frente a las multitudes que le pedían que contara sus recuerdos del «querido pequeño George». Por supuesto, él sabía que en realidad ella no tenía 161 años, pero se veía tan frágil, tanto, que las ventas comenzaron a disminuir cuando la gira la dejó exhausta y ya no podía hacer casi nada más aparte de sentarse en el escenario. Para aumentar el interés, Barnum comenzó a filtrar historias a la prensa en las que alegaba que Joice en realidad era una autómata, así como también historias de todo lo relacionado con ella, desde su olor (a tabaco) hasta sus movimientos intestinales (una vez cada dos semanas). Cuando el periódico de Boston, el *Courier*, condenó la forma en que Barnum la usaba y declaró que «la humanidad se enferma ante la exhibición», el *showman* se apresuró a protegerse e hizo un panfleto lleno de declaraciones vistosas y probablemente inventadas del horrible trato que Joice había recibido a manos de sus otros amos; tal vez era dueño de Joice, pero, técnicamente no la estaba torturando, ¿o sí?

Joice murió en febrero de 1836, pero ni siquiera su muerte evitó que Barnum ganara dinero con ella. Se organizó una autopsia pública y alrededor de 1 500 personas pagaron cincuenta centavos para observar cómo cortaban a la anciana. Esta reveló que Joice no era la mujer más vieja de Estados Unidos, sino que rondaba los 80 años, lo que provocó la histeria de la prensa. Periódicos como el *New York Sun* describían con lujo de detalle la autopsia, mientras que Barnum declaraba al *New York Herald* que la mujer a la que se le había practicado en realidad no era Joice, quien seguía vivita y coleando como «una respetable anciana negra llamada tía Nelly». Su muerte y los ardides a su alrededor resultaron ser el éxito del *showman*. Había creado un espectáculo de cultura pop y tanto el público como la prensa esperaban ansiosos su próximo movimiento.

Su siguiente gran incursión fue El Gran Teatro Científico y Musical de Barnum, en el que ofrecía actos de circo y «curiosidades» humanas. Con Joice Heth aprendió lo que él llamaba el «arte de la charlatanería». En sus palabras, el público «está dispuesto a dejarse divertir, aun cuando es consciente de que está siendo engañado». En 1841, el teatro se convirtió en una atracción permanente en Nueva York como el Museo Americano Barnum. Rebosaba de «un millón de maravillas», entre las que se incluían exhibiciones que él mismo había creado, y la más famosa era la sirena de Fiyi, que consistía en la cabeza y partes del cuerpo de un mono cosido a un pescado; era una rareza que había pasado de un capitán de mar a otro antes de caer en las manos de Barnum en 1842. Consciente de que nadie le creería si dijera que era una sirena, llevó a cabo una treta bastante extraña. Envió cartas a los periódicos estadounidenses en las que mencionaba que un «doctor Griffin del Liceo de Historia Natural de Londres» había descubierto una sirena y la llevaría a Estados Unidos. Luego hizo que su abogado, Levi Lyman, se hiciera pasar por el doctor Griffin, se registrara en un hotel de Filadelfia y de manera «accidental», mostrara la sirena al dueño del hotel; este corrió con la prensa. Luego «Griffin» viajó a Nueva York, donde se reunió con reporteros y le «vendió» la sirena a Barnum para que la exhibiera.

Dejando de lado la extraña amalgama de criaturas, la mayor atracción del museo eran sus exhibiciones vivas. Entre ellas se encontraba Charles Stratton, un niño con enanismo que Barnum compró a sus padres cuando tenía 5 años; los hermanos salvadoreños Máximo y Bartola, quienes tenían problemas de desarrollo y fueron llamados las «maravillas aztecas»; y los «gemelos siameses» Chang y Eng Bunker. Tal vez la curiosidad viva más famosa era William Henry Johnson, un joven negro de Nueva Jersey que padecía microcefalia y trabajaba como cocinero. Charles Darwin publicó en 1859 su revolucionaria obra *El origen de las especies* y Barnum, con la esperanza de sacar todo el provecho posible del insaciable interés en la teoría de Darwin, exhibió a William como el eslabón perdido y le dio el apodo de «¿Qué es eso?», afirmando que el joven había sido encontrado en África. Comenzó una enorme campaña publicitaria con frases como: «¿QUÉ ES ESO? ¿es un orden inferior de HOMBRE? ¿o es un orden superior de MONO? ¡Nadie lo sabe!».

EL «GRAN» MUSEO

El Museo Americano Barnum primero presentó colecciones que incluían animales disecados, figuras de cera y «artefactos antiguos de oriente». Conforme fue pasando el tiempo, construyó un acuario, jardines e inclusive un zoológico en los pisos superiores con leones, tigres y osos. La colección de animales creció en 1861 e incorporó ballenas beluga, que se mantuvieron en un tanque en el sótano del museo.

Se ha argumentado que aunque las «curiosidades» de Barnum fueran tratadas como animales en un zoológico humano, se les pagaba y se les ofrecían oportunidades que no habrían tenido de otra manera. Eso es cierto en algunos casos. Por ejemplo, Charles Stratton se volvió independiente económicamente y luego se asoció con él. Otros no tuvieron tanta suerte, en particular aquellos con discapacidades más severas, como en el caso de Máximo y Bartola, quienes continuaron siendo vendidos de *showman* en *showman* y, a pesar de ser hermanos, los obligaron a casarse entre sí como ardid publicitario en 1867. Pero los problemas con el zoológico humano iban más allá de aquellos que lo habitaban. En un tiempo en el que Estados Unidos se vio obligado a negociar su propia diversidad, Barnum hacía declaraciones temerarias y las presentaba como verdaderas. A los visitantes se les mostraban las raíces «bárbaras» de grupos minoritarios. Precisamente en el caso en particular de «¿Qué es eso?», inventó un cuento sobre unos aventureros, quienes se toparon con el hombre mientras cazaban gorilas en el río Gambia. Un panfleto que supuestamente detallaba la ciencia detrás de este «descubrimiento», afirmaba que el hombre había sido examinado «por algunos de los hombres más científicos que tenemos y ellos lo han declarado como el eslabón que conecta al nativo salvaje africano con la creación animal». William Henry Johnson no era nada más un sujeto de Jersey que utilizaba un disfraz y al que se le había dicho que actuara como «retrasado», era el símbolo horroroso de la «otredad».

Curiosamente, Barnum incursionó en la esfera política en 1864 y, al parecer sus puntos de vista cambiaron, pues se declaró en contra de la esclavitud e incluso admitió en un discurso: «He latigueado a mis esclavos. Yo debería haber sido azotado mil veces por ello». Debido en parte a sus puntos de vista abolicionistas que fueron fuertemente publicitados, resultó elegido como el representante republicano de Fairfield, Connecticut, en 1865. Ese mismo año, el Museo Americano Barnum se incendiaría y aunque fue reconstruido, volvió a incendiarse en 1868. Después de esto incursionó en el circo, aunque seguía concentrado en sus ambiciones políticas. En 1869, casi se disculpó por la forma en la que había tratado a Joice Heth, pues admitió haber comprendido que no estaba bien ser dueño de una persona, pero le echó toda la culpa del engaño a Joice. Se desconoce cuánto de ese cambio radical fue solo propaganda. Sin duda alguna, daba la apariencia de ser un republicano de principios, pues fomentaba el evangelismo y el abstencionismo. Sin embargo, de manera reveladora, durante una redada a los burdeles de Nueva York en 1883, se descubrió que cuando menos uno era arrendado por él. Entonces, lo más probable es que Barnum haya sido efectivamente un gran *showman*, feliz de mentir y manipular a conveniencia para obtener una ganancia.

Bismarck y el arte de la guerra

A mediados del siglo xviii, Prusia, la estrella del estado y reino germano iba en ascenso; en poco más de medio siglo casi había transformado su lugar dentro del escenario mundial. Centro neurálgico industrial, sus sectores de acero y carbón podían equipararse a los de cualquier potencia europea, y a medida que crecía su valiente población, también lo hacía la amenaza de que, si reunía a la mayor parte de los estados de la Confederación germánica bajo su protección, podría convertirse en uno de los estados más poderosos de Europa, si no es que el más poderoso. Por supuesto, eso no evitó que los grandes del continente la hostigaran. Aunque la mitad de Prusia era un poderío industrial, la otra mitad era rural, religiosa y con tradiciones pueblerinas arraigadas, era objeto de burlas sin piedad como un lugar de campesinos y creencias obsoletas. Quizá podía haber sido considerada exitosa, pero, para muchos países era una especie de broma, como lo comentó el periódico británico

The Times en 1860: «La historia nos cuenta cómo fue que se convirtió en una gran potencia; cómo es que sigue siéndolo, nadie lo sabe».

Otto von Bismarck estaba decidido a cambiar eso. Nació en 1815, el año en que terminaron las guerras napoleónicas y se creó la Confederación germánica. Este grupo de estados germanohablantes era toda una mezcla, por decir lo menos; algunos como Austria y Prusia superaban con mucho a otros en términos de población, industria y economía, y por tanto, con frecuencia eran los que ostentaban la mayor parte del poder. Era un sistema defectuoso, ineficaz en términos tanto económicos como de poder. Bismarck había visto todo esto de primera mano; gracias a la riqueza de su familia, pasó gran parte de su juventud viajando entre Prusia y Alemania, en ocasiones trabajaba, pero la mayoría de las veces solo pasaba el rato y perseguía chicas. Sin embargo, en 1847 entró en la política, y rápidamente se hizo evidente que su carisma natural y capacidad para leer a cualquier persona lo convertían en mucho más que solo un invitado agradable en las fiestas; era un político nato. Ascendió con rapidez, se hizo famoso por su inteligencia, elocuencia y naturaleza en extremo impulsiva.

Para 1862 Bismarck ya era ministro presidente de Prusia y se había formado una idea de lo que necesitaba el estado para asegurar su predominancia: deshacerse de la confederación fanfarrona y unificar a Alemania. Era un plan muy grande que podría ser increíblemente difícil de llevar a cabo. Después de las revueltas de 1848 y 1849 en contra de la confederación, había habido un intento de unificar al país, aunque al final fracasó. Esto se debió en parte a que Austria se oponía por completo: una Alemania unificada suponía una amenaza para el Imperio austriaco como un todo, sin mencionar que la unificación le daría más poder a Prusia. De hecho, en 1850, una vez que se acordó desechar el apoyo a la unificación, Austria hizo que Prusia prometiera nunca volver a intentar unificar al país y no desafiar al gobierno austriaco. Si

Bismarck seguía adelante con su plan, era seguro que Austria sería implacable con Prusia (pero solo si Austria seguía en la foto).

Bismarck decidió que el mejor curso de acción era declararle la guerra a Austria. El problema era que no muchos prusianos querían una guerra, en particular en contra de su antiguo aliado. Entonces Bismarck fabricó una. Cuando la Landtag de Prusia (asamblea de representantes) le negó la solicitud para expandir el ejército, actuó a sus espaldas y trazó algunos planes financieros bastante creativos, privatizó activos y falsificó recibos de impuestos para conseguir el dinero que necesitaba para el ejército. En 1865 se reunió en secreto con el líder francés Napoleón III y logró convencerlo de apoyar a Prusia si estallaba la guerra, a pesar de que solo hizo insinuaciones de promesas de regalarle tierras a cambio. Finalmente, en 1866, Bismarck hizo otra alianza secreta, en esta ocasión con Italia. Luego se embarcó en una campaña para molestar a Austria al punto de la guerra haciendo demandas excéntricas: que Prusia tomaría franjas de la confederación o que la confederación debía disolverse por un parlamento electo. La guerra estalló en junio. No se necesitó mucho tiempo para asegurar la victoria entre Italia y Prusia, la guerra austro-prusiana duró poco más de un mes. Austria se lamió sus heridas y desvió la atención de Alemania, mientras Bismarck supervisaba feliz la unión de los estados del norte del país en una nueva coalición.

Prusia se había probado a sí misma y había revolucionado la política europea; en el espacio de un mes había sumado millones de personas a su población y su territorio era mucho más vasto. Ya no sería el blanco de las burlas de Europa y, al contrario, sería una amenaza poderosa. Francia era muy consciente de ello, y durante la guerra, varios consejeros de Napoleón le propusieron que «aplastara a Prusia y tomara el Rin». Pero él se mostró reticente; en cambio, decidió pedirle a Bismarck que le devolviera las fronteras de 1814, correspondientes al gran tramo de Alemania que en algún momento había sido parte de Francia, pero que había regresado a Alemania después de la batalla de Waterloo. Bismarck no iba a ceder porque a fin de cuentas, eso no le ganaría muchas simpatías en casa. Aun así, tenía que hacer algo para tranquilizar a Francia y se fue por lo mínimo, otorgando la independencia nada más de nombre a unos pocos estados alineados con ella. Como era de esperar, eso no le gustó a Francia; todo el asunto de Prusia estaba resultando ser un gran motivo de vergüenza para Napoleón. Y empeoró cuando Prusia siguió fortaleciéndose y la reputación de Napoleón sufría golpe tras golpe. Conforme iba creciendo la tensión, se hizo evidente que la pregunta no era si habría una guerra, sino cuándo.

Bismarck estaba completamente dispuesto. Tenía los estados del norte de Alemania, pero quería todo y si algo había aprendido, era que los estados tendían a unirse detrás de una bandera de orgullo patriótico durante tiempos de guerra. Si hacía los movimientos correctos, Prusia no solo derrotaría a una potencia mundial, sino que finalmente podría unificar al país. Entonces intentó hacer lo mismo que había hecho con Austria: provocar a Francia para ir a la guerra, y casi lo logró en 1867, 1868 y 1869, pero realmente no tuvo éxito. Bismarck se estaba desesperando, y entonces, el parlamento español se acercó al príncipe prusiano Leopoldo, con la propuesta de ascenderlo al trono de una nueva casa real. Ni él ni el rey prusiano Guillermo I querían esto, pues era muy probable que Leopoldo perdiera rápidamente el trono. Pero Bismarck vio una oportunidad dado que, si Leopoldo llegaba al trono español, haría enojar no solo a Napoleón, sino también a su esposa española, Eugenia. Y tenía razón, los franceses se enojaron, pero aun así, no le declararon la guerra. En cambio, enviaron al embajador prusiano, el conde Vincent Benedetti para que intentara que Guillermo I entrara en razón mientras vacacionaba en el pueblo de Bad Ems.

EL ÚLTIMO EMPERADOR

Napoleón III sería el último emperador de Francia. Llegó al poder en 1851 con un *coup d'etat* (golpe de estado), pero para el momento de su altercado con Bismarck, las cosas ya se le estaban desmoronando. El golpe final llegó durante la guerra franco-prusiana, en la batalla de Sedán en que se efectuó entre el 1 y el 2 de septiembre de 1870. Napoleón III ordenó a sus tropas que se rindieran y él fue capturado y hecho prisionero. Las tropas de Bismarck sitiaron París el 19 de septiembre; el bloqueo duró hasta que se acordó un armisticio el 26 de enero de 1871. La guerra se ganó el 28 de enero. Napoleón III sería depuesto y exiliado.

Pero eso no sería necesario, pues, de pronto, el 12 de julio de 1870, Leopoldo retiró su candidatura al trono. De regreso en Ems, Guillermo I estuvo encantado con la decisión de su primo y, al ver a Benedetti, festejó que la crisis hubiera tenido un final pacífico. Benedetti estuvo de acuerdo, pero le informó que a Francia le gustaría que Prusia prometiera públicamente nunca volver a intentar tomar el trono español. Con el ánimo caldeado, Guillermo se tocó el sombrero a modo de despedida y se fue sin decir palabra. De vuelta en Alemania, Bismarck se encontraba frustrado planeando su siguiente movimiento después de que otro intento de guerra hubiera sido sofocado. Entonces le llegó un reporte telegráfico del encuentro de Guillermo y Benedetti. Era bastante inofensivo —los hombres habían tenido una reunión amable, aunque incómoda— eso era todo. Pero Bismarck vio una oportunidad en este pequeño intercambio. Inventó una nueva versión de los hechos en la cual Benedetti confrontó a Guillermo y le exigió que Prusia diera marcha atrás; furioso, Guillermo lo desdeñó, se retiró y se negó a volver a hablar con el embajador francés. Entonces Bismarck publicó esta mentira en un comunicado de prensa y la difundió extensamente. Para el 13 de julio ya eran noticias internacionales la supuesta rudeza de Francia y el desprecio de Prusia al embajador francés. Enfurecido y avergonzado, Napoleón reunió a sus tropas y el 19 de julio le declaró la guerra. A fin de cuentas, la guerra franco-prusiana solo duraría poco más de seis meses y Bismarck y Prusia salieron victoriosos. El plan funcionó y la guerra sí condujo a la unificación de Alemania, y a la creación de una nueva potencia europea. Otto von Bismarck literalmente había forjado de cero un nuevo imperio.

El USS Maine y la guerra de las palabras

«Tú proporcionas las imágenes, y yo proporcionaré la guerra». Supuestamente el joven magnate de los periódicos William Randolph Hearst le dijo estas palabras al pintor estadounidense Frederic Remington en 1897. El artista había sido contratado por Hearst para ir a Cuba y reproducir el estallido de la guerra hispano-estadounidense. El único problema era que no había empezado ninguna guerra y, en opinión de Remington, nunca empezaría; él solo quería irse a casa. Han pasado a la historia esta negativa y la insistencia de Hearst de que con o sin guerra real él provocaría una en el papel, como prueba del poder de los medios. Ahora bien, lo más probable es que nunca haya dicho esto, o al menos no existe una evidencia concreta de que lo haya hecho. Sin embargo, eso no quiere decir que no exista cierto grado de verdad en esta cita errónea o que no indique las mentiras que Hearst estaba dispuesto a contar para lograr que esa guerra vendiera periódicos.

El término «prensa amarillista» estaba ganando terreno en la década de 1890. Lejos habían quedado los días de noticias completamente inventadas, como el gran engaño de la Luna o el relato fantástico de Mark Twain sobre la ola de homicidios familiares; ahora los periódicos se dedicaban a torcer los hechos para crear historias sensacionalistas que respaldaran sus propios sesgos. A pesar del nuevo nombre, en realidad, el término *prensa amarillista* era lo mismo de antes, solo que suavizado a tal punto que, de hecho, uno de los periódicos líderes en prensa amarillista era el *New York World*, el cual había estado detrás del escándalo de la miscegenación tan solo unas décadas antes. Dirigido por Joseph Pulitzer y con un nuevo nombre, el *World* había adquirido fama de ser el centro de noticias sensacionalistas y provocativas. Sus oficinas se destacaban de las de otros periódicos de Nueva York y las artimañas de Pulitzer para la publicidad de su periódico se difundían no solo en el *World*, sino también a nivel internacional. Así fue hasta 1895, cuando Hearst compró el *New York Journal*, que estaba en quiebra, y comenzó no solo a robarse al personal de Pulitzer, sino también a competir en circulación. Los dos periódicos se engarzaron en una batalla por lectores; ambos hombres estaban decididos a tener éxito, pues veían en la victoria el siguiente paso para crear sus propios imperios de medios de comunicación. Iban codo a codo, ambos tenían puestas sus esperanzas en las crecientes hostilidades entre España y Estados Unidos; quien ganara esa guerra de palabras sería el vencedor final.

Cuba comenzó la guerra por su independencia de España en 1895. Con la isla tan cerca de sus fronteras, el público estadounidense se interesó bastante en la guerra y, tanto el *Journal* como el *World* se mostraron contentos de participar; con frecuencia se ponían del lado de los rebeldes cubanos e informaban las atrocidades, ya fueran verdaderas o falsas, que los españoles cometían en su contra. Los estándares periodísticos de ambos periódicos eran frecuentemente inexistentes; por ejemplo, en 1898, el reportero del *Journal*, James Creelman se unió de manera activa a una batalla contra las tropas españolas en El Caney, reclamó la bandera española en nombre de su periódico y le dispararon en el proceso. Otro corresponsal del *Journal*, Richard Harding Davis casi provocó un conflicto internacional cuando, en 1897, acusó falsamente a oficiales españoles de quitarse la ropa en público y de humillar mujeres a bordo de un barco estadounidense. La ira española ante esta mentira llegó a la Cámara de los Representantes y solo se pudo apaciguar cuando el *World* exhibió de manera arrogante el reportaje de Davis como fraudulento.

A pesar de los daños colaterales que podían acarrear estos artículos falsos, también lograban atraer miles y, en ocasiones, más de un millón de lectores; pero los dueños de los periódicos querían más. Hearst orquestó una campaña internacional en 1897 alrededor de una hermosa joven llamada Evangelina Cisneros, quien había sido encarcelada por los españoles junto con su padre, un cubano rebelde. De hecho, la arrestaron después de defenderse de un intento de violación por parte de oficiales españoles, Hearst convocó el apoyo de mujeres de alto perfil, incluyendo a la madre del presidente, antes de hacer que uno de sus reporteros la sacara de forma dramática de la cárcel, pregonando el escape como «lo que no pudo lograrse mediante petición y solicitud urgente del papa [...] [España] no pudo construir una cárcel que pudiera resistir la determinación del *Journal* cuando se pone a trabajar adecuadamente». La estrategia de publicidad humanitaria fue una noticia enorme que incrementó las ventas del *Journal*, además consiguió el acuerdo del público de que Estados Unidos debía intervenir en la guerra de Independencia de Cuba. Con todo y esto, el ejército estadounidense no se movió. Si Hearst y Pulitzer querían obtener récords de ventas, necesitaban encontrar una historia más grande para obligar al país a entrar en guerra.

El USS Maine fue enviado al puerto de La Habana en enero de 1898 para supervisar y proteger los intereses de Estados Unidos, en parte en respuesta al clamor generado por Hearst y Pulitzer. La noche del

15 de febrero, una explosión accidental a bordo del barco provocó que se hundiera y murieran 266 hombres. A pocos minutos de la explosión, un reportero del *World* con base en La Habana envió un telegrama a las oficinas centrales del periódico y una hora después el *World* había dispuesto un equipo de buzos para explorar los escombros. Lamentablemente para Pulitzer, el remolcador de los buzos fue rechazado por las autoridades españolas; sin embargo, de alguna forma el *Journal* logró meter a sus propios buzos entre los restos, supuestamente antes de que la marina de Estados Unidos hubiera reunido a su propio equipo de investigación. Para el 17 de febrero, el *Journal* informaba con entusiasmo: «el Maine fue destruido por un torpedo. Es evidente que la destrucción del Maine no fue ocasionada por una explosión accidental… es muy claro que un fanático español o un emisario secreto del gobierno español colocó el torpedo por debajo de la línea de flotación contra la sala frontal de municiones del Maine y lo activó con un dispositivo detonador, lo que le dio tiempo para escapar». El *Journal* en realidad no sabía si esto era lo que había pasado, ya que su equipo de buzos no había sido preparado para realizar una indagación adecuada. Al contrario, solo los habían llevado al puerto para que fueran los primeros en la escena. En consecuencia, la investigación fue corta, imprecisa y se vio obstaculizada por lo terriblemente impactado que quedó el equipo ante la vista de los cuerpos todavía en el agua. Estos informes se combinaron con filtraciones de los buzos del gobierno que tuvieron que suspender sus búsquedas iniciales debido a la poca visibilidad en el agua. El *Journal* no estaba seguro de que hubiera sido un torpedo porque no tenía hechos concretos, pero de cualquier forma lo imprimió, convirtiendo así una causa posible en un hecho y afirmó que España había atacado a Estados Unidos.

Mientras Estados Unidos proseguía con la investigación oficial, el *Journal* y el *World* continuaron con la campaña de fabricación de noticias. Hearst ofreció una recompensa de cincuenta mil dólares por información sobre el culpable del desastre del Maine, mientras que el *World* anunció que había sido «terrorismo» español y publicó diagramas de todas las formas en las que un bote sencillo podría haber atacado al barco de guerra. Para el 21, se reportaba que era inminente una guerra con España, esto con el amparo de ilustraciones llamativas de marineros ahogados y entrevistas de familias afligidas. Como ambos periódicos ofrecían la mayor parte del contenido en forma de artículos e ilustraciones, sus reportajes fueron recogidos por los estadounidenses y la prensa internacional, y se volvió narrativa fija el ángulo de «España bombardea marineros inocentes». La marina de Estados Unidos publicó sus descubrimientos en marzo, que concluían que la evidencia encontrada por los buzos no era suficiente para corroborar los eventos; sin embargo, la causa más probable de la explosión era que el Maine había golpeado una mina por accidente y ello habría ocasionado la explosión de la sala frontal de municiones de la nave. Algo crucial era que se desconocía de quién era la mina, podría haber sido nueva o haber tenido ya bastante tiempo en el puerto.

EL PULITZER

Joseph Pulitzer tuvo dificultades el resto de su vida para reconciliarse con su participación en la histeria del Maine y su abandono de la ética periodística. Tal vez en un intento por hacer el bien, pidió en su testamento que se creara un premio en su nombre para motivar la excelencia y el servicio público en el periodismo: actualmente Premio Pulitzer. Desde su creación en 1917, ha crecido y ahora también incluye reconocimientos en otros campos como poesía, música y fotografía.

El reporte se mantuvo en secreto durante su análisis por parte del Congreso, y mientras se esperaba el veredicto final, el *Journal* y el *World* volverón a lanzar teorías de todo tipo, desde una enorme conspiración hasta minas españolas. El presidente McKinley estuvo posponiendo la publicación del reporte al público durante todo marzo, ya que quería intentar terminar la guerra de Independencia cubana a través de la vía diplomática para evitar un mayor derramamiento de sangre. Sin embargo, los actos de la prensa amarillista habían incrementado la presión del público para que Estados Unidos se involucrara en la guerra, y si el gobierno entregaba el reporte del Maine a la prensa, era casi seguro que convertirían una mina de origen desconocido en una mina española, lo que volvería la guerra inevitable. Sin embargo, la presión por parte del Congreso significaba que el reporte debía ser publicado. El 25 de marzo se podía leer lo siguiente en la primera plana del *Journal*: «¡España es culpable! ¡Destruido por una mina flotante!». El clamor del público fue inmediato: «¡No olvidamos al Maine! ¡Al infierno con España!» y la mayoría de los estadounidenses no podía entender por qué su presidente permitía que semejante ataque quedara sin consecuencias. Conforme fueron creciendo las tensiones entre las naciones, McKinley emitió una demanda para que España le otorgara la libertad a Cuba; en respuesta, España abandonó las negociaciones y la Marina de Estados Unidos realizó un bloqueo. España declaró la guerra el 23 de abril y Estados Unidos hizo lo propio el 25 del mismo mes. Estados Unidos ganó al final y obtuvo el control de Cuba, Puerto Rico y Guam.

El asunto Dreyfus

«*J'accuse !*» (¡Yo acuso!). Esta frase se volvería una fascinación nacional y provocaría una gran división, pero el 13 de enero de 1898, fue un titular que adornó la primera plana del periódico francés *L'Aurore*. En una explosiva carta abierta escrita por el novelista Émile Zola, se acusó al gobierno y al ejército franceses de haber encarcelado erróneamente a un tal Alfred Dreyfus, así como de haber falsificado evidencia y de haber esparcido, con pleno conocimiento de causa, ideología antisemita. Eran unas declaraciones muy fuertes que abrirían las puertas no solo a una investigación, sino también a una serie de eventos que cambiarían al mundo.

El hombre en el centro de todo esto era una persona común y corriente. Nacido en 1859, en Alsacia y Lorena, Alfred Dreyfus era el hijo menor de una gran familia judía, la cual se vio obligada a dejar ese territorio después de la guerra franco-prusiana, cuando pasó a ser parte de Alemania. Debido a esta experiencia en la guerra, Dreyfus se unió al ejército francés tan pronto como pudo y, gracias a su aguda inteligencia, fue seleccionado para asistir a algunos de los programas de entrenamiento más prestigiosos. Para 1892, el entonces capitán Dreyfus fue reconocido con un puesto como interino dentro del Estado Mayor. No obstante, a pesar de los elogios, Dreyfus se veía excluido debido a su herencia y fe judía. Los oficiales judíos eran una pequeña minoría dentro del ejército, pues solo había unos trescientos al mismo tiempo que él, y su presencia se había vuelto demasiado controvertida.

Durante el siglo xix, gran parte de Europa había experimentado un incremento del sentimiento antisemita, debido en parte a historias de noticias internacionales de alto perfil, como el caso del libelo en Austria y Hungría (conocido como el libelo de sangre de Tiszaeszlár) que ocasionó una histeria similar a la del caso de Simón de Trento en el siglo xv. Al mismo tiempo, hubo una serie de matanzas por toda Rusia y el zar Alejandro III implementó leyes para erradicar los derechos de los ciudadanos judíos. Lo que Dreyfus y sus compañeros soldados judíos estaban experimentando era tan solo la punta del iceberg, pero era muy real, y la violencia en contra de los soldados era cosa regular.

Fue en medio de este clima de miedo y desconfianza malinterpretados que Francia descubrió que había un soplón dentro de sus filas. A finales del verano de 1894, se descubrió una carta que mostraba que alguien dentro del ejército francés había estado filtrando información al agregado del ejército alemán, Maximilian von Schawartzkoppen. Comenzó entonces una frenética investigación para encontrar al traidor y rápidamente se culpó a Alfred Dreyfus. Debido a su papel dentro de la oficina general tenía acceso a la información; venía de Alsacia y Lorena, que para entonces ya era parte de Alemania, y era judío, así que no se podía confiar en él. Esa era toda la evidencia, pero era lo único que necesitaban. Aunque Dreyfus sostenía su inocencia, lo declararon culpable de traición y lo sentenciaron a cadena perpetua en la isla del Diablo. Las noticias de su arresto y condena fueron material de primera plana y, cuando en enero de 1895, fue despojado públicamente de sus títulos militares, se reunión una multitud de unos veinte mil observadores que gritaban «muerte a los judíos». Su condena fue una victoria para el ejército, el Estado y grupos antisemitas, pero había un problema. Poco después de haberse leído el veredicto de culpabilidad, el ejército francés descubrió al verdadero culpable: Ferdinand Walsin Esterhazy.

Nacido dentro de una línea ilegítima de la aristocracia, Esterhazy había fracasado en su intento de ascender dentro del ejército mediante sus relaciones. Adicto a las apuestas, había comenzado a vender secretos a Schwartzkoppen después de haberse quedado sin dinero. En 1896, el nuevo jefe de la Inteligencia francesa, el teniente coronel Georges Picquart, fue quien descubrió la enorme cantidad de evidencias que ligaban a Esterhazy; sin embargo, sus esfuerzos se vieron bloqueados y rápidamente fue relevado de su puesto y enviado a Túnez. Eso no significó que Picquart dejara de exigir justicia, como tampoco cesó de hacerlo la familia Dreyfus, quienes levantaron quejas contra Esterhazy en el ejército. La noticia comenzaba a filtrarse y finalmente, en enero de 1898, en un intento por evitar un escándalo, Esterhazy fue llevado a juicio. Lo anterior fue nada más para guardar las apariencias, ya que, a pesar de la evidencia en su contra, habría sido una humillación terrible para el ejército que se le encontrara culpable, por lo que el 11 de enero fue exonerado. Esto fue lo que motivó a Émile Zola a publicar *J'Accuse*, carta en la que declaró: «la verdad está en marcha y nada la detendrá».

Lo que siguió fue una serie de eventos que dividió en dos bandos no solo a los involucrados en el caso, sino a la nación entera. Quienes apoyaban a Dreyfus condenaban el asunto como un ejemplo de la pérdida de los derechos individuales, mientras que aquellos que lo veían como traidor argumentaban un ángulo más nacionalista: era una lucha por el alma misma de Francia, una historia y una herencia a las cuales los judíos como él no pertenecían. Zola fue arrestado y encontrado culpable del libelo en febrero; otros cargos igualmente falsos se levantaron en contra de Picquart, quien fue acusado de fabricar la evidencia que inculpaba a Esterhazy. Disturbios antisemitas estallaron por toda

Francia, conforme pasaban los meses siguieron surgiendo nuevas filtraciones y los periódicos publicaban más evidencia que lo señalaba. El ministro de Guerra francés, Godefroy Cavaignac, fue convocado para investigar nuevamente el caso y, el 7 de julio de 1898, presentó públicamente la prueba final de la culpabilidad de Dreyfus, con la cita de las cartas originales de 1894, así como una de 1896 en la que los agregados de Italia y Alemania discutían el exitoso espionaje de Dreyfus. Dado que sabía que eran falsas, Picquart pidió que se volvieran a examinar las cartas, lo cual se realizó en agosto. El resultado: estaba en lo correcto, ya que al sostener a contraluz la carta de 1896 podía notarse que, en realidad, se trataba de varias cartas pegadas: una falsificación.

Se encontró al culpable, un tal teniente coronel Hubert-Joseph Henry, antiguo subordinado de Picquart. Henry fue detenido el 30 de agosto y admitió su culpabilidad; sin embargo, fue encontrado muerto en su celda al día siguiente —un aparente suicidio—. El periódico antisemita *La Libre Parole* comenzó una campaña proclamando a Henry como un mártir que solo había cumplido su deber con Francia y generó más de 25 000 donaciones para el «monumento de Henry». Mientras tanto, Esterhazy huyó a Gran Bretaña, donde en septiembre se confesó culpable ante Rachel Beer, editora del periódico británico *The Observer*. Alfred Dreyfus era inocente, aunque no ante los ojos de la ley. El gobierno de Francia ya no podía aplazar más la situación y, a pesar de la presión por parte de grupos nacionalistas, en junio de 1899 se anuló el veredicto de 1894. Este regresó a Francia para un segundo juicio todavía como prisionero y, en un extraño y desesperado movimiento por complacer a los nacionalistas, fue declarado culpable de traición pero con «circunstancias atenuantes». Apeló el veredicto y se le informó que sería absuelto, pero solo si aceptaba su culpabilidad. Exhausto y débil por el tiempo que había pasado en la isla del Diablo, lo único que quería era regresar a casa con su esposa e hijos y aceptó las condiciones.

Finalmente, fue exonerado de manera oficial en 1906 y casi de inmediato se volvió a unir al ejército francés. No obstante, siguió siendo un foco de atención del odio antisemita y fue objeto de un intento de asesinato en 1908. De hecho, el sentimiento antisemita siguió intensificándose y los restos de su auge cultural estaban a punto de adoptar una forma muy desagradable.

LA CONSPIRACIÓN ZOLA

Émile Zola fue encontrado muerto en su casa debido a envenenamiento por monóxido de carbono en 1902. De inmediato comenzaron las teorías de la conspiración: ¿Se había suicidado, incapaz de vivir con el veredicto de culpabilidad de Dreyfus? ¿Lo habían matado los sionistas? Luego, en 1953, surgieron reportes de una confesión que escribió en su lecho de muerte un opositor a Dreyfus, de oficio deshollinador y que había trabajado en la casa del vecino de Zola; había aprovechado la oportunidad para bloquear la chimenea y provocarle así la muerte por monóxido de carbono. Hasta la fecha se desconoce si esto es verdad, pero muchos lo han aceptado como cierto.

PARTE V

EL SIGLO XX

La mentira del campo de concentración

Herbert Kitchener se encontraba bajo una increíble presión en 1901. Acababa de asumir el cargo de comandante en jefe británico en la segunda guerra bóer e intentaba darle la vuelta al incremento de esta guerra de guerrillas. No obstante, el cambio de táctica repentino no fue lo que le provocó dolores de cabeza, ese honor le correspondió a una mujer de mediana edad proveniente de Cornwall, Emily Hobhouse o, como la llamaba Kitchener, «¡Esa maldita mujer!».

La guerra bóer ya era algo un poco complicado antes de que Hobhouse se involucrara. A mediados del siglo XIX, mucha gente de ascendencia neerlandesa se había mudado del área sudafricana de Colonia del Cabo para crear sus propias repúblicas independientes: la República de Transvaal y el Estado Libre de Orange. A la gente de estos nuevos estados se le dio el nombre de *bóeres* ('granjeros' en neerlandés y afrikáans). Sin embargo, a los británicos no les agradaba mucho no tener bajo control estas repúblicas y los intentos por anexarlas al seno británico terminaron en la primera guerra bóer en 1880. Ganaron los bóeres, pero los británicos no se rindieron, en especial porque las tierras bóer eran ricas en diamantes y oro. Hubo un intento de derrocar el gobierno de Transvaal en 1896, lo que, como era de esperar, hizo que Transvaal formara una alianza con el Estado Libre de Orange. Avergonzados por la derrota, y mucho más que dispuestos a sacar provecho del comercio de oro, los británicos se alistaron para la guerra. De manera oficial, la guerra serviría para prevenir que los bóeres tomaran África del Sur y para proteger a los llamados «kaffir» (africanos negros) del maltrato bóer. Pero, en realidad, cuando estalló la segunda guerra bóer en octubre de 1899, la lucha verdadera, cuando menos para Gran Bretaña, fue por orgullo, poder y dinero.

En septiembre de 1900, la última de las grandes ciudades bóer había caído, y Gran Bretaña creyó haber ganado. Con el trabajo terminado, su comandante en jefe regresó a Inglaterra y entregó las riendas a Kitchener, quien eliminaría los últimos restos de lucha. Lamentablemente, los británicos estaban muy equivocados. La guerra no había terminado, tan solo había cambiado la táctica, pues los bóeres adoptaron la guerra de guerrillas. Kitchener optó entonces por combatir con fuego e incendió casas, cosechas y provisiones. Con ello dejó sin hogar a muchas mujeres y niños bóeres y entonces se construyeron campos de refugiados para albergarlos. Estos campos pronto se ampliaron para aceptar bóeres que se habían rendido y, una vez con la estructura lista, no pasó mucho tiempo para que los británicos pensaran en otra manera de utilizarlos.

En palabras de Kitchener, «las mujeres que se quedaron en las granjas les pasan toda la información a los bóeres y alimentan a los comandos de su vecindario». Estas mujeres representaban una amenaza tan grande como los soldados bóeres y por ello se decidió que, junto con sus hijos, debían ser acorraladas y llevadas a los campos de concentración. El uso de estos campos no era algo nuevo, se habían utilizado mucho durante la guerra de Independencia cubana; la guerra bóer sería la tercera gran guerra en años recientes en la que se utilizaría dicha táctica. Los campos se expandieron en 1901 para incluir a los negros, que ambos bandos utilizaban como esclavos, sirvientes y reclutas. En junio de ese mismo año, los británicos tenían registros de que había 85 410 presos en los campos de blancos y 32 350 en los de negros.

A principios de 1901, en enero, la pacifista Emily Hobhouse había logrado obtener permiso para visitar algunos campos de concentración. El ejército le impidió ver más de un puñado de campos de blancos, pero con eso fue suficiente. A su regreso a Gran Bretaña en junio de ese año, Hobhouse publicó sus descubrimientos en un informe explosivo, *Report of a Visit to the Camps of Women and Children in the Cape and Orange Colonies* (Reporte de una visita a los campos de mujeres y niños en las colonias de Cabo y de Orange). Según ella, en los campos abundaban las enfermedades y la desnutrición, además de que tenían poca higiene, lo que combinado con un cuidado dental poco adecuado, significaba que las madres no podían ayudar a sus hijos moribundos. En pocas palabras: «Si siguen operando estos campos es equivalente a asesinar a los niños». El lóbrego recuento de la pacifista era diametralmente opuesto a lo que el gobierno le decía al pueblo británico. Habían prometido que los campos eran un lugar seguro y voluntario de la guerra que garantizaba ayuda humanitaria a todos los refugiados. Esto era una mentira.

Al mismo tiempo que Hobhouse estaba recopilando información, Kitchener le ordenó al mayor británico George Goodwin que hiciera lo mismo. Este descubrió que había «gente que andaba descalza y vestía harapos», campos con pocas o nulas instalaciones sanitarias o albergues, niveles endémicos de diarrea y sarampión entre los niños, y ningún tipo de tratamiento moderno para atenderlos. Llevaban a miles de personas a los campos cada semana, que de por sí no podían cuidar a los cautivos que ya tenían, y los nuevos presos pronto se encontraban ahogándose entre lodo, enfermedades y muerte. Hobhouse escribió que había atestiguado «una tasa de mortandad como no se había visto desde los tiempos de las grandes plagas [...] todas las pláticas son sobre la muerte [...] quién murió ayer, quién está muriendo hoy, y quién morirá mañana...», pero esto no era algo nuevo para el ejército británico, sino más bien una reflexión externa de lo que Goodwin había reportado. No obstante, poco se hizo para mejorar las condiciones, pues el ejército mejor optó por censurar lo que pudieran e informar al gobierno que la ayuda y el apoyo civil no se podían implementar.

Sin embargo, como suele suceder, la verdad finalmente salió a la luz en junio de 1901 con la publicación del informe de Hobhouse. El público británico quedó impresionado y el Parlamento exigió respuestas rápidamente. St. John Brodrick, el secretario de Guerra, declaró que había un total de 63127 personas en los campos. No se sabe a ciencia cierta si era consciente de que no estaba diciendo la verdad o que no le habían informado los datos correctos, el caso es que Brodrick estaba minimizando, y mucho, la severidad de la situación. Para esas alturas, los prisioneros eran cerca de 117 760. El líder de oposición Lloyd George acusó al gobierno y al ejército de seguir «una política de exterminio en contra de mujeres y niños. No es una política directa, sino una cuya consecuencia es esa». Brodrick hizo caso omiso de esto y replicó que él había escuchado que no estaba tan mal la situación. Tal vez el mejor resumen de esta forma de defensa por parte del gobierno sea el que ofreció Winston Churchill al periódico *The Times* el 28 de junio de 1901: «¿Se habrían [la oposición] negado a hacerse responsables de las mujeres y niños bóeres que quedaron en los distritos devastados? [...] ¿Habrían dejado a las mujeres con hambre sentadas entre las ruinas? La mente se rebela ante tales ideas: y así, llegamos a los campos de concentración creyendo sinceramente que ahí se sufre muy poco». Sí, los campos estaban mal, sí, la gente estaba muriendo, pero era la opción más humanitaria posible; al parecer no había un punto intermedio.

En medio de este malestar de datos gubernamentales inexactos y argumentos ilógicos, se perdió algo crucial: los miles de negros que había en los campos. Podría decirse que las condiciones eran mucho peores que las que se encontraron en los campos de afrikáneres. Las provisiones para dichos campos eran una prioridad menor, pues por lo general los envíos de alcohol para las tropas británicas tenían mayor importancia que la comida y la medicina para los «campos de nativos». En marzo de 1901 se registró que la comida en uno de los campos era tan escasa, que los prisioneros se vieron obligados a comer de los cadáveres cercanos de animales que ya tenían tiempo en estado de descomposición. Pero Emily Hobhouse no había visto estos campos y aunque declaró que las condiciones eran supuestamente terribles, los aprietos de los cautivos siguieron siendo invisibles y, por tanto, no se atendieron. Por el contrario, la cobertura de la prensa sobre los campos de concentración se enfocó por completo en las mujeres y niños blancos.

En cierta medida, para el gobierno esto era una especie de golpe de estado y entonces promovieron la idea de que los campos eran un «tema de mujeres». Jugaron con la idea de que las mujeres como Hobhouse no entendían la brutalidad de la guerra y que por eso para ellas los campos eran lugares bárbaros, pero que, al igual que en el hogar, el toque de una mujer podía hacer maravillas y entonces accedió a que se formara un grupo de mujeres que investigara cómo se podían mejorar las condiciones de los campos.

A pesar de que habría sido lógico que escogieran a Emily Hobhouse, a ella no se le permitió unirse al equipo. Era demasiado franca. En cambio, el gobierno escogió a Millicent Fawcett, defensora de la campaña por el voto de las mujeres que convenientemente acababa de escribir un artículo para el *Westminster Gazette* en el que defendía los campos como algo «necesario». Bajo su liderazgo, la comisión Fawcett partió en julio de 1901 para investigar los campos; curiosamente, a pesar de los llamados de Hobhouse, la comisión consideró que solo era necesario investigar los campos de blancos. Los descubrimientos de la comisión Fawcett reflejaban lo mismo que los de Hobhouse, pero con una clara diferencia. Mientras que Hobhouse había culpado al ejército y gobierno británicos por la falta de provisiones, medicina y refugio con la consecuencia de una alta tasa de mortandad infantil, Millicent Fawcett argumentó que las madres eran, cuando menos en parte, las culpables. Declaró que las mujeres bóeres no conocían el concepto de cuidado médico moderno: «Un gran número de muertes en los campos de concentración han sido provocados de manera directa u obviamente causada por los compuestos nocivos que le dan las mujeres bóeres a sus niños». Se ignoró el hecho de que la mayoría de las prisioneras no tenían acceso a una mejor medicina aparte de los remedios caseros que podían reunir a duras penas y, cuando el informe de Fawcett se publicó en 1902, en lo que la prensa puso atención, fue en las culpables que señalaba. Gran Bretaña utilizó a las madres reclusas como chivos expiatorios, pues Kitchener también las culpó: «Es imposible pelear contra la negligencia criminal de las madres, no me agrada la idea de emplear la fuerza [...] pero estoy analizando si algunos de los peores casos deberían ser juzgados por homicidio culposo».

VIDAS PERDIDAS

Más de 26 000 personas murieron en los campos de blancos, la mayoría niños. Lamentablemente, se desconoce la cantidad de fatalidades en los campos de negros debido a que no hubo tanto esfuerzo por registrar los números de prisioneros, aunque se estima que cuando menos unas veinte mil personas perdieron la vida.

Finalmente, el gobierno británico accedió a hacer algo siguiendo el consejo de la comisión Fawcett para mejorar las condiciones de los campos. Sin embargo, fue insuficiente y llegó tarde, ya que la guerra bóer terminó en mayo de 1902, entonces, los campos comenzaron las mejoras unos pocos meses antes de que se cerraran. La negativa del gobierno británico para admitir las declaraciones de Emily Hobhouse, los desafiantes intentos de censura del ejército y la enorme cantidad de mentiras divulgadas tendrían como resultado miles de muertes.

Los protocolos de Sion

Durante los años que siguieron al asunto Dreyfus, surgió en Rusia un documento extraño titulado *Los protocolos de los sabios de Sion*. Esta lectura extensa y desordenada describía cómo durante siglos la población judía había estado manipulando en secreto asuntos globales y había puesto en marcha un plan para dominar el mundo. Este documento es una falsificación, una compilación frankensteniana de los grandes éxitos antisemitas del siglo xix, pero que algo sea falso no significa que no sea peligroso. No sería exagerado decir que han muerto millones de personas a causa de su contenido. El documento incitó matanzas, ayudó a pavimentar el camino para el Holocausto, y sigue siendo un elemento básico de los movimientos de supremacía blancos. Pero, por principio de cuentas, ¿por qué se escribió y qué ha hecho que una mentira tan obvia perdure?

Todavía no sabemos cuál es la fuente exacta de *Los protocolos*; sin embargo, existen varias teorías, y la mayor parte de los historiadores están de acuerdo en que fue escrito entre el auge del asunto Dreyfus en 1898 y el inicio de una oleada de matanzas en Rusia en 1903. La explicación más probable de su origen es que fue escrito por conservadores rusos y miembros de la policía secreta que operaban en Francia cuando ocurrió el asunto Dreyfus. Gran parte del texto de *Los protocolos* se tomó directamente de publicaciones en contra de Dreyfus, además, nueve capítulos son un gran plagio de la sátira política francesa *Diálogo en el infierno entre Maquiavelo y Montesquieu*. De hecho, en 1902, cuando el periodista conservador ruso Mikhail Osipovich reveló la noticia sobre una «conspiración secreta contra la humanidad» de tres mil años de antigüedad, rastreó su origen en Francia. Afirmaba que una mujer de San Petersburgo que vivía en el país recibió el «grueso manuscrito» de un periodista francés después de que fuera robado de una bóveda secreta judía en Niza. La mujer tradujo el manuscrito al ruso y dicho trabajo se convirtió en la primera edición publicada de *Los protocolos* que apareció en Rusia en 1903. El supuesto manuscrito original francés nunca volvió a aparecer y no existe evidencia concreta que ofrezca un vistazo sólido sobre la identidad de la mujer.

Antes de que se publicaran *Los protocolos* por primera vez en Rusia en 1903, el país había pasado por una serie de cambios rápidos en términos de su entendimiento cultural y trato de la población judía. El zar Alejandro II fue asesinado el 13 de marzo de 1881 por el grupo antizarista la Voluntad del pueblo. Hubo un intento de sacar a las comunidades judías de la segregación y asimilarlas dentro de la sociedad y cultura rusas durante el mandato de Alejandro II. Sin embargo, después de su muerte el intento se revertiría rápidamente. Circulaban rumores de que en realidad fueron los judíos quienes lo habían matado. Estallaron los pogromos y, en 1882, Alejandro III puso en marcha una serie de leyes antisemitas que restringían en dónde podían vivir, lo que podían poseer y las prácticas de negocios que podían realizar. En medio de todo esto hubo un resurgimiento de las conspiraciones del libelo de sangre, que solo sirvieron para fomentar la desconfianza y el odio hacia las comunidades judías. En consecuencia se produjo una gran emigración, pues los judíos rusos se marcharon en masa para buscar una vida mejor. Sin embargo, las cosas empeorarían con el inicio del siglo xx para los que se quedaron.

En la Pascua de 1903, la ciudad de Kishinev (ahora Chisináu en Moldavia) inició un efecto dominó que provocaría una epidemia de pogromos por toda Rusia. Durante los últimos años, el *Bessarabetz*, el periódico más popular de la ciudad, cuyo editor era Pavel Krushevan, se había sesgado fuertemente en su retórica, con titulares como «¡Muerte a los judíos!» y «¡Cruzada contra la raza odiada!». En 1902, Krushevan realizó un primer intento de propagar la historia de un libelo de sangre, pero esa noticia falsa fracasó y no molestó a nadie. Sin embargo, en 1903 sus esfuerzos tendrían más éxito; el periódico inventó un elaborado complot de asesinato, en el que ligaba la muerte de un jovencito ocurrida en febrero con el suicidio reciente de una joven en un hospital de Kishinev y declaró que la sangre de ambos se usaría durante la Pascua judía. En el transcurso de los siguientes tres días, 49 personas fueron asesinadas, cientos más resultaron heridas y más de mil casas fueron demolidas. La masacre de Kishinev provocó clamor internacional, pero no se hizo mucho al respecto. Mientras que grupos judíos en Estados Unidos organizaban ayuda y daban asesorías en cuestiones de emigración, el zar Nicolás II se cruzó de brazos. Ello se debió en parte a la opinión predominante del gobierno sobre «la cuestión judía»: para el zar y su gente, los judíos rusos no eran rusos de verdad, eran extranjeros que merecían sanciones severas. Si los protegieran de los pogromos y la violencia, el resultado sería una reacción adversa por parte del creciente movimiento nacionalista de derecha; no valía la pena.

Esta falta de acciones o sanciones claras no haría más que empeorar. En el verano de 1903, Pavel Krushevan utilizó otro de sus periódicos, el *Znamya*, para publicar la primera edición de *Los protocolos de los sabios de Sion* en una serie de entregas que aparecieron a lo largo de agosto y septiembre. A partir de ahí, las publicaciones de *Los protocolos* crecieron de forma increíble, en particular en 1905 y 1906. La primera Revolución rusa estalló en enero de 1905, y el aumento en las tensiones tuvo como consecuencia otra serie de pogromos. Y una vez más, Nicolás II no hizo nada. Pero en esta ocasión fue porque le sirvieron de distracción: si las personas se enfocaban en la violencia en contra de los judíos rusos, entonces no se concentrarían en él. No fue un caso de antisemitismo sancionado por el Estado, sino más bien de uno permitido por el Estado, por eso, de los 650 pogromos que se estima tuvieron lugar entre 1903 y 1906, muchos tuvieron la participación activa de las autoridades locales y la policía.

Para la década de 1920, *Los protocolos de los sabios de Sion* se había vuelto un fenómeno mundial, sus traducciones aparecían en libros y periódicos por todo el mundo. Como consecuencia de los pogromos entre 1903 y 1906, más judíos habían emigrado de Rusia y Europa Oriental;

la corriente migratoria realmente no disminuía, y muchos países seguían lidiando con la afluencia de población. Lo anterior se combinó con los efectos secundarios de la Primera Guerra Mundial, y *Los protocolos* pronto fue acogido por aquellos países que no nada más habían sufrido un aumento de población judía, sino que también se encontraban devastados emocional y financieramente por la guerra. El más destacado de estos era Alemania. *Los protocolos* ayudaba a explicar por qué habían perdido la guerra, los golpes económicos devastadores del Tratado de Versalles y el caos de la Revolución alemana de 1918 y 1919. Ellos no tenían la culpa: todo se trataba de una conspiración judía. No fue casualidad que el libro comenzara a inundar el mercado en 1919, el año en que los alemanes se encontraban en un alto estado de vulnerabilidad emocional, desesperados por encontrar un chivo expiatorio.

UN TRATADO DESASTROSO

Firmado el 28 de junio de 1919, el Tratado de Versalles fue uno de varios tratados que marcaron el fin de la Primera Guerra Mundial. Sin embargo, se distingue por una cláusula que básicamente hizo que Alemania aceptara casi toda la responsabilidad de la guerra. Ello tuvo como resultado la pérdida de tierras, recursos y poder militar, y lo más importante, Alemania tuvo que hacer pagos considerables que diezmaron su economía. Para 1923, la hiperinflación había deteriorado tanto sus finanzas que el dinero no servía y se podía ver a los niños jugando en la calle con él.

Esto no quiere decir que no se conociera en ese tiempo que *Los protocolos* era un invento. El periódico británico *The Times* publicó en agosto de 1921 evidencia concluyente que demostraba que el libro era una falsificación. Pero estas eran voces poco comunes en medio de un mar de teorías conspirativas. El doctor en historia Wolfram Meyer zu Uptrup estima que, a partir de 1920, después de la formación del Partido Nacionalsocialista Obrero Alemán (después conocido como Partido Nazi), el 70 % de los artículos sobre judíos en el periódico oficial del partido, el *Völkischer Beobachter*, contenía elementos de *Los protocolos*. De hecho, este sería figura fundamental en la ideología y política nazis, pues se infiltró en todo, desde la educación hasta la prensa y la legislación.

La guerra de propaganda

Desde finales de julio hasta agosto de 1914, muchos países se unieron a un ritmo sin precedentes a lo que después se conocería como la Primera Guerra Mundial. El heredero al trono del Imperio austrohúngaro, el archiduque Francisco Fernando fue asesinado por un nacionalista serbio el 28 de junio de 1914. Para el 28 de julio el Imperio austrohúngaro le había declarado la guerra a Serbia, y Alemania pronto lo respaldó. Dentro del mes siguiente, ya se habían trazado líneas de batalla y Francia, Rusia y Gran Bretaña formaron una fuerza aliada opositora. Con cinco de las grandes potencias europeas involucradas, esta guerra no se podía confinar únicamente a Europa, y en los meses y años siguientes, cada bando lucharía por atraer a Estados Unidos y China a la guerra. Pero en agosto de 1914, la atención inmediata estaba en casa, pues para que cualquier país saliera victorioso, necesitaba que su pueblo no solo apoyara la guerra, sino que estuviera dispuesto a unirse a ella y que, en caso necesario, hiciera el sacrificio supremo. En toda Europa, las máquinas de propaganda se pusieron en marcha.

No comenzó bien. Tomemos por ejemplo a Gran Bretaña, país del que se puede decir que hacia el final de la guerra tenía la más grande, sino es que la más despiadada, máquina de propaganda que cualquier país involucrado, aunque en un inicio cometió errores espectaculares. Gran Bretaña se unió a la guerra en parte debido al Tratado de Londres, que hacía mucho le había otorgado neutralidad a Bélgica y convocaba a las «grandes potencias» europeas a defenderla. Cuando Alemania invadió Bélgica el 4 de agosto, no solo incumplió su compromiso, sino que además había violado un tratado europeo y una ley internacional. Gran Bretaña supuso que esto sería razón suficiente para obtener el respaldo del pueblo a favor de la guerra. Un tratado no era un simple pedazo de papel; era un símbolo de una ley internacional y de un continente pacífico, con seguridad todo británico estaría de acuerdo en que valía la pena luchar por ello y tal vez hasta morir. Lamentablemente, muy rápido se descubrió que ese no era el caso y la vaga semántica internacional no fue suficiente para exacerbar a una nación y reunir a las tropas.

Era evidente que se necesitaba otra táctica para lograr el apoyo del pueblo, algo más emocional. La invasión alemana a Bélgica fue sangrienta y para el 8 de agosto habían muerto cerca de 850 civiles, muchos de los cuales fueron ejecutados en la calle. Luego, hacia finales de agosto, las tropas alemanas comenzaron a saquear e incendiar villas y pueblos. Este tipo de derramamiento de sangre era justo el ángulo de interés humano que buscaba la máquina de propaganda británica, pero sería un movimiento riesgoso intentar un giro político sobre la demolición de casas, la evacuación de familias y la matanza de civiles; después de todo, hacía escasos veinte años, Gran Bretaña había hecho lo mismo durante la guerra bóer bajo el mando de lord Kitchener, quien ahora era el secretario de Guerra. Se buscó un nuevo enfoque: la violencia sexual y entonces la invasión de Bélgica se rebautizó como la Violación de Bélgica.

No era algo infundado, pues durante la invasión hubo reportes de que las mujeres y niñas belgas soportaron violaciones y mutilaciones; sin embargo, debe señalarse que estos casos terribles fueron algo aislado. Aunque no de acuerdo con Gran Bretaña, que torció la historia hasta convertirla en un abuso sistemático en el que al parecer participaban todos los soldados alemanes. Hacia finales de 1914, el escritor británico William Le Queux describió a los militares alemanes como «una gran pandilla de violadores y asesinos como Jack el Destripador, quienes participaban en "orgías salvajes de sangre y desenfreno" [...] [y] la violación y matanza despiadadas de mujeres y jóvenes indefensas, además de niñas de tierna edad». Esta idea de violencia sexual generalizada se volvió emblemática para todas las naciones Aliadas y poco a poco fue convirtiéndose en caricaturas estilizadas y carteles de propaganda. No era inusual que una campaña de bonos para financiar la guerra o de reclutamiento militar estuviera encabezada con una ilustración llamativa de una mujer siendo atacada. Habían transformado el sufrimiento real de las mujeres en Bélgica y Francia en algo completamente diferente y se estaba volviendo muy difícil distinguir las verdaderas historias de atrocidades de aquellas inventadas en pro de la guerra.

Como era de esperar, Alemania no estaba contenta por la forma en que la estaban etiquetando internacionalmente y en octubre de 1914 reunió a sus grandes figuras culturales e intelectuales para publicar un manifiesto que revelara «las mentiras» que propagaban las Potencias Aliadas. El *Manifiesto de los 93* afirmaba que no se había cometido ningún acto de violencia en contra de la población belga, aunque aclaraba que de ser ese el caso, habría sido culpa de los ciudadanos. Si bien esto generó respaldo por parte del pueblo alemán, no funcionó en ningún otro lado. Los alemanes volvieron a intentarlo en 1915, en esta ocasión con la publicación del *Libro blanco alemán*, un presunto informe de las atrocidades cometidas en contra de sus ciudadanos y militares, que iban desde declaraciones de que civiles belgas habían cometido actos sádicos en contra de soldados alemanes hasta que les habían sacado los ojos y los habían castrado. La mayor parte de dicho libro era inventada: daba explicaciones engañosas sobre eventos, omitía los testimonios que las contradecían y en general se había editado muchísimo la información. Pero, una vez más, esto no significa que no haya tenido éxito en Alemania, donde los periódicos publicaron reportes sobre un niño que se había topado con un bote lleno de ojos de soldados alemanes, un sacerdote francés que llevaba un collar de anillos de hombres muertos y belgas que intercambiaban cigarros alemanes por explosivos.

Una nueva campaña de propaganda comenzó en 1915 para atraer a países neutrales. Aunque los Países Bajos había dejado en claro que tenía la intención de permanecer neutral, había disponibles otras dos grandes potencias: Estados Unidos y China. Una vez más comenzó una guerra de palabras entre Gran Bretaña, el titán de la propaganda aliada, y Alemania, el mayor representante de las Potencias Centrales. El primer objetivo obligado era Estados Unidos. El 7 de mayo de 1915, un submarino alemán hundió el transatlántico británico, el RMS Lusitania, y mató a más de mil almas entre pasajeros y tripulación, incluyendo 123 estadounidenses. Alemania justificó el ataque diciendo que el barco traía municiones, pero Gran Bretaña declaró que este era otro ejemplo de las atrocidades alemanas y su «barbarismo». Poco después del hundimiento, el artista alemán Karl Goetz diseñó una medalla satírica que se burlaba de la irresponsabilidad de los británicos al usar un barco de pasajeros para transportar municiones. Sin embargo, Goetz puso por accidente una fecha incorrecta en la medalla: 5 de mayo de 1915. Gran Bretaña se agarró de esto para alegar falsamente que era prueba de que Alemania en realidad había planeado atacar ciudadanos estadounidenses y había hecho esas medallas para premiar a los perpetradores. Una victoria para Gran Bretaña.

Otra oportunidad propagandística estaba a punto de caerles del cielo en la forma de la enfermera Edith Cavell, quien en agosto de ese año fue capturada por los alemanes después de haber ayudado a escapar a prisioneros aliados de Bélgica. La máquina de propaganda británica apuntó principalmente a Estados Unidos, e hizo una campaña en ese país para liberar a la mujer «inocente» de las garras «bárbaras» alemanas. Finalmente, Cavell fue ejecutada en octubre y el gobierno británico gastó cerca de 120 000 libras para generar propaganda alrededor de su muerte. Surgió una historia falsa que contaba que durante su ejecución Cavell se había desmayado y un oficial alemán le había disparado a la mujer inconsciente. El 23 de octubre de 1915, el *New York World* declaró la muerte de Cavell como «¡Peor que un crimen!», y en las siguientes semanas fue vista como una mártir. Alemania intentó defenderse, pero lo anterior, aunado a las fuertes tensiones por el desastre con el Lusitania, era una batalla perdida, y lejos quedó la oportunidad de atraer a Estados Unidos o de convencerlos de permanecer neutrales.

Todavía quedaba China como prospecto. Desde el estallido de la guerra, tanto Alemania como Francia y Gran Bretaña se habían esforzado por infiltrar el país con propaganda y, a pesar de los intentos de esta última por sacar a Alemania de sus colonias como Hong Kong, los alemanes habían logrado mantener su presencia. De hecho, después de la guerra, se reportó que hasta 1917, muchos chinos habían creído que Alemania ganaría. Esto cambió cuando Alemania declaró que emplearía guerra submarina sin restricciones. El 17 de febrero de 1917, un submarino alemán destruyó el barco francés SS Athos y mató a más de quinientos trabajadores chinos. Como era de esperar, al llegar marzo los chinos se pusieron rápidamente en contra de Alemania; otro golpe llegó en abril, cuando Estados Unidos comenzó a ayudar a los Aliados a inundar China de propaganda.

DETRÁS DE LA MÁQUINA

Al novelista y político canadiense sir Gilbert Parker se le encomendó la tarea de poner en marcha propaganda británica en Estados Unidos, mientras que Johann von Bemstorff se encargaba de la propaganda alemana. Aunque en un inicio ambos comenzaron bien, a Von Bemstorff se le negó dinero para poder financiar periodismo propagandístico en Estados Unidos, lo que permitió que Parker capturara el mercado para mediados de 1915. Para empeorar las cosas, un portafolios lleno de planes de propaganda alemanes fue robado en el metro de Nueva York y se filtró a la prensa, destruyendo así cualquier oportunidad de que Alemania se ganara el favor de ese país.

Lo anterior dio pie a un engaño increíblemente macabro. En febrero de 1917, el *North China Daily News* informó que los alemanes habían creado una «fábrica de cadáveres» o *kadaververwertungsanstalt*, en la que los cuerpos de sus soldados se derretían para hacer glicerina. Al llegar abril, esta singular historia revivió con detalles más cruentos. Los periódicos británicos *The Times* y *Daily Mail* publicaron recuentos supuestamente de primera mano sobre cómo la fábrica convertía a los soldados alemanes en «aceites, grasas y comida para cerdo». En realidad, la historia original provino de un periódico alemán que describió que los cuerpos de los animales se utilizaban con esos propósitos. La oficina de propaganda británica solo reemplazó la palabra alemana *kadaver* (animal muerto) con la palabra homófona que se usa para los restos humanos, *cadaver* (en inglés). Este sencillo cambio generó histeria internacional y, aunque Alemania se apresuró a señalar la mentira, ya era demasiado tarde. Los oficiales chinos se horrorizaron por lo que habían escuchado y para agosto, China ya había entrado en la guerra y se había unido oficialmente a los Aliados.

Después del fin de la Primera Guerra Mundial, el deleite con el que los propagandistas británicos competían en las cenas de gala para acreditarse el engaño de la fábrica de cadáveres, muestra hasta qué punto llegó a ser importante la propaganda para la guerra y lo fácil que había sido mentir. No hubo consecuencias inmediatas para los ganadores, y los perdedores se llevaron la peor parte. La guerra popularizó algo llamado propaganda de atrocidades, una técnica que ya se había visto a lo largo de la historia, pero que nunca antes había sido tan utilizada por tantas naciones. Si puedes demonizar a tu enemigo y demostrar (sea verdad o no) que es capaz de hacer lo impensable, entonces puedes transformarlo en un monstruoso «otro» que debe ser derrotado. Es una manera ingeniosa de conseguir apoyo y organizar la acción; una especie de guerra psicológica que con frecuencia se descubre solo cuando ya ha cumplido su misión. La Primera Guerra Mundial la afinó, demostró su importancia y, desde entonces, se ha vuelto parte fundamental de la política y la guerra.

Los censuradores de la gripe española

El 28 de septiembre de 1918 doscientas mil personas se encontraban reunidas en el centro de Filadelfia para celebrar el armisticio inminente de la Primera Guerra Mundial y recaudar fondos para bonos de guerra estadounidenses. Al mismo tiempo que el desfile recorría las calles y la multitud vitoreaba, algo terrible se estaba gestando. Los hospitales se llenaron a su máxima capacidad en las 72 horas posteriores a la celebración. Había llegado la gripe española. Seis semanas después de que fueran retirados los carros alegóricos del desfile, ya había un estimado de 12000 personas muertas, y las funerarias de la ciudad no tenían la capacidad para lidiar con el flujo de cuerpos. Hoy día sabemos bien que en realidad nunca es buen momento para una pandemia, pero podría decirse que la llamada gripe española no pudo haber llegado en un peor momento.

A principios de 1918, en Estados Unidos, Europa y Asia se encontraron varios casos de lo que ahora sabemos es una cepa del virus de la influenza. El más notable de estos fue el de Albert Gitchell, un cocinero de un campo militar en Kansas. Su diagnóstico de la entonces misteriosa gripe, el 4 de marzo de 1918, dio inicio a la primera ola.

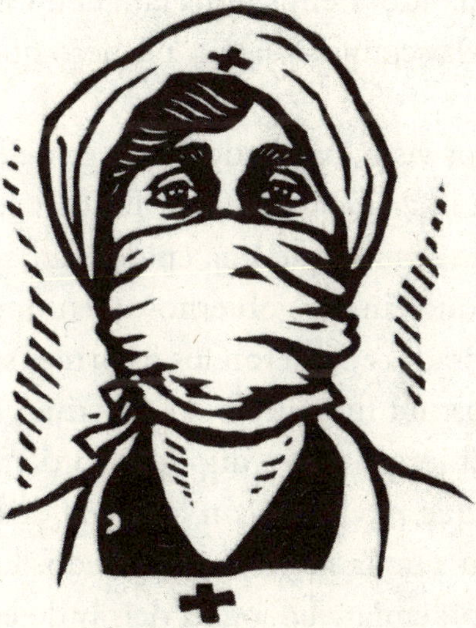

Era el último año de la Primera Guerra Mundial y los soldados se encontraban viajando entre países, con frecuencia en condiciones de hacinamiento y suciedad. Este fue el caso de los soldados en el campamento de Gitchell; quienes sobrevivieron al brote inicial fueron enviados de regreso al frente de batalla y lo más probable es que varios siguieran infectados sin saberlo. Pronto, tropas de Gran Bretaña, Francia, Italia y España estaban cayendo enfermas y para inicios del verano se registraron casos en China, Australia, África del Norte e India. A esto le siguió una desastrosa segunda ola en agosto. Centroamérica, Sudamérica, África Occidental y Sudáfrica se unieron a la propagación y para septiembre casi toda Europa colapsaba por la tasa de infecciones. Lo que hizo que el virus fuera mucho peor fue su tendencia a matar a los jóvenes; entre los más susceptibles se encontraban los menores de 5 años, los que tenían entre 25 y 40 años y los mayores de 65; los soldados sobrevivían lo peor de la guerra solo para morir por la gripe. Se estima que en total, aproximadamente un tercio de la población mundial resultó infectada y hubo cuando menos unos cincuenta millones de muertos, la mayoría durante la segunda ola; un número que tal vez pudo haberse evitado.

Como ya hemos visto, en el auge de la gripe española muchos países involucrados en la Primera Guerra Mundial censuraban de manera activa su prensa. Era seguro que una epidemia bajaría la moral del público, algo que no querían los gobiernos, y entonces la mayor parte de las naciones involucradas añadieron los informes sobre la gripe a su lista de censura. Esta postura fue muy bien descrita por el comisionado de Salud Pública de Chicago, quien dijo que en tiempos de guerra era vital «no hacer nada que interfiera con la moral de la comunidad [...] es nuestro deber evitar que la gente tenga miedo. La preocupación mata más gente que la epidemia». La lógica detrás de esta declaración es endeble por decir lo menos; sin embargo, se puede racionalizar un poco ese acto inicial de censura, ya que durante la primera ola, muchos profesionales de la salud supusieron que se trataba de una cepa particularmente fuerte de gripe y no el fenómeno mortal en el que se convertiría. Aun así, esa justificación dejó de ser válida entre mayo y junio de ese mismo año, justo antes de que llegara la segunda ola. Ya para ese momento el contagio se estaba extendiendo muy rápido, al igual que las tasas de mortandad; por no informar al público y negar la amenaza a la salud pública, se eligió de manera consciente poner en peligro millones de vidas.

Un país que destaca en todo esto es España. Permaneció neutral durante la guerra, por lo que no tenía motivos para censurar las noticias sobre la creciente epidemia mundial. Las noticias sobre la gripe ocuparon los periódicos del país a partir de mayo de 1918, en especial después de que el rey Alfonso XIII se enfermara. Como una de las pocas naciones que hablaban públicamente de la pandemia, España se vio inequívocamente vinculada a la enfermedad. A finales de 1918, lo primero que el pueblo británico supo del virus fueron los reportajes en el *Daily Mail* y *Daily Express* que hablaban frenéticos sobre una «epidemia misteriosa» que estaba devastando España. En respuesta, el *British Medical Journal* declaró los reportajes como «alarmistas». El *Daily Mail* se apresuró a corregir su error: en un artículo de junio titulado «¿Viene la influenza?», expertos médicos le recordaban a los lectores que la gripe era tan solo un mal resfriado y les aconsejaban que «mantener una actitud alegre ante la vida» era la mejor manera de prevenirlo, ya que los que estaban «deprimidos» eran más susceptibles a contagiarse. Lo anterior se convirtió en una postura universal: solo España tenía la gripe mala y cualquier caso en otros países era nada más la gripe común. El ministro del Interior de Italia siguió negando desesperadamente las declaraciones sobre un brote mortal de gripe hasta el 22 de agosto de 1918; en septiembre continuaba el desfile de contagios masivos en Filadelfia, a pesar de las advertencias de los doctores, ya que las autoridades de la ciudad no querían generar preocupación pública.

¿QUÉ HAY EN UN NOMBRE?

El nombre de «gripe española» proviene del hecho de que España fue muy franca sobre la pandemia. Ello condujo a la creencia de que había tenido origen en ese país e incluso se le dieron otros nombres populares como «la dama española». Dato curioso: en España se referían a la enfermedad como «gripe francesa». Todavía no sabemos con exactitud dónde se originó el virus, pero muchos historiadores citan a Estados Unidos como la fuente más probable

Tanto la omisión como la desinformación dieron paso a las teorías de la conspiración, y en junio de ese año un artículo en *The Times* provocó miedo internacional después de que el autor cuestionara si el virus podría ser en realidad una guerra bacteriológica alemana. En otras esferas se buscaba al culpable en todo, desde el *jazz* hasta la contaminación del suelo, e incluso se señalaba como causa un castigo que Dios había enviado a aquellos que cantaban «canciones lujuriosas». Aun así, para finales del verano de 1918 fue evidente que había una crisis de salud y aunque la gente no sabía con exactitud de qué se trataba, quería algún tipo de protección. A falta de una guía clara por parte del gobierno, fueron las farmacéuticas quienes marcaron la pauta. La marca alemana de pastillas para la garganta Formamint afirmaba que sus productos, producidos con formaldehídos, leche y ácido clorhídrico-pepsina, prevenían la gripe española. Mientras tanto, la mezcla de médula ósea y huevo marca Chymol promocionaba que prevenía la muerte, y los anuncios australianos de aspirina de la marca Aspro promovían el consumo de cantidades peligrosas del producto para luchar contra la gripe.

Por fortuna, el velo de censura comenzó a caer para el otoño; entre los grandes desastres como el desfile de Filadelfia y el aumento en las tasas de mortandad, rápidamente se aplicaron políticas de salud pública. Se promovió el uso de mascarillas, el lavado de manos y el distanciamiento social. Irónicamente, a la par de la implementación del uso obligatorio de la mascarilla en varios estados y ciudades de Estados Unidos, la publicidad gubernamental empezó a señalar a quienes no hacían todo lo posible por proteger la salud pública; acuñaron el término *mask slackers* (holgazanes antimascarillas) y el lema «La tos y los estornudos propagan enfermedades: son tan peligrosos como bombas de gas venenoso». Nunca sabremos con exactitud cuántas vidas pudieron haberse salvado si los países no hubieran censurado la información sobre la pandemia, pero su negativa tuvo un gran impacto en la salud pública y en la oportunidad de la gente para protegerse.

¿Anna o Anastasia?

El 27 de febrero de 1920 sacaron del agua del Canal de Landwehr, Berlín, a una joven. No tenía bolsa ni documentos de identidad y parecía no recordar quién era, las autoridades la internaron en un hospital psiquiátrico, el asilo Dalldorf con el nombre «Señorita Desconocida». Se descubrieron dos cosas después de examinarla: la primera, las enormes cicatrices que tenía por todo el cuerpo; la segunda, que hablaba ruso. Esto fue lo único que se supo durante un año de la Señorita Desconocida. Luego, en algún momento del otoño de 1921, la misteriosa mujer llamó a una enfermera y señaló una foto de la familia real rusa en una revista. Algo había refrescado su memoria o tal vez había decidido que era tiempo de romper el silencio: su nombre, dijo, era Anastasia Romanov, la gran duquesa.

Tres años antes, en 1917, mientras la atención de todo el mundo estaba en la Primera Guerra Mundial, el *statu quo* de Rusia se había puesto de cabeza. Desde la Primera Revolución Rusa en 1905, las tensiones dentro del país se habían mantenido en un nivel alto y el involucramiento de Rusia en la guerra mundial no había ayudado en nada. El zar Nicolás II no estaba preparado para ir a la guerra, ya no digamos una de esa magnitud, y el pueblo ruso pagó por su falta de planeación económica y militar. Las políticas de reclutamiento dejaron sin gente suficiente las tierras de cultivo, lo que dio como resultado que hubiera poca comida. A los obreros se les obligó a trabajar tantas horas que estallaron huelgas y revueltas. Aparte, el ejército ruso estaba mal equipado para la batalla y era propenso a los motines. Nicolás II se marchó a comandar sus tropas y dejó a su mujer, la zarina Alejandra, a cargo en casa; ella deliberadamente se rodeó de ministros que eran más pusilánimes que su esposo, lo que empeoró una situación ya de por sí delicada. El pueblo ruso comenzó a voltear una vez más hacia los revolucionarios y surgió el apoyo bolchevique. En marzo de 1917, durante la llamada Revolución de Febrero, Nicolás II abdicó al trono y a lo largo del siguiente año, los bolcheviques comenzaron a tomar el poder. Nicolás, Alejandra y sus hijos, Olga, Tatiana, María, Anastasia y Alekséi, fueron puestos en arresto domiciliario hasta que se decidió que, para que los bolcheviques pudieran mantener el control, ningún miembro de la familia real Romanov debía permanecer con vida para reclamar el trono.

En las primeras horas del 17 de julio de 1918, la familia y sus sirvientes más cercanos fueron reunidos en el sótano de una casa en Ekaterimburgo y fueron ejecutados. Sus cuerpos fueron sepultados en secreto en el bosque de Koptiakí. En un inicio solo se anunció la muerte de Nicolás, pero no hacía falta mucha imaginación para darse cuenta de que, al faltar el resto de la familia, lo más probable era que también estuviera muerta. Para muchos, aquello fue algo difícil de asimilar; sin embargo, había un nombre que surgía una y otra vez: el de Anastasia, de 17 años. Ella había sido la que se distinguía entre los niños Romanov, llena de vida, alegre y con un ingenio natural, seguramente había logrado sobrevivir de alguna forma. Y así había sido, de acuerdo con la Señorita Desconocida. La joven (Anastasia Romanov) afirmaba que no había muerto en la ejecución, sino que solo había quedado inconsciente. Un soldado polaco, Alexander Tchaikovsky, la llevó en secreto a un lugar seguro y junto con la familia de él, Anastasia había escapado a Bucarest. Ahí quedó embarazada de Alexander, quien pronto fue asesinado en una pelea con cuchillos. Anastasia dio en adopción al bebé antes de viajar a Berlín con la esperanza de conseguir la ayuda de su abuela, la princesa Irene de Prusia. Sin embargo, al llegar a Berlín se sintió abrumada por la desesperación e intentó suicidarse saltando al Canal Landwehr.

LOS OTROS ROMANOV

Anna Tchaikovsky no fue ni la primera ni la última persona en afirmar ser un niño Romanov que había logrado sobrevivir. A lo largo de los años aparecieron varios impostores tanto de Anastasia como de cada uno de sus hermanos, entre ellos el antiguo agente de la CIA Michael Goleniewski, quien afirmaba ser Alexéi; Marga Boodts, cuya insistencia de que ella era Olga supuestamente hizo que el papa Pío XII le diera apoyo financiero; y otra impostora de Anastasia, Eugenia Smith, quien incluso consiguió un contrato para escribir un libro.

Pronto se propagó la historia y en 1922 la princesa Irene visitó el asilo Dalldorf para confirmarla. En cuanto conoció a «Anastasia», anunció que era una impostora, pero no todos los miembros de la familia extendida Romanov reaccionaron igual. Para mayo de 1922, «Anastasia», que entonces usaba el nombre Anna Tchaikovsky, había conseguido suficiente apoyo como para que la liberaran del asilo y la llevaran a la casa del barón Arthur von Kleist. Pero el motivo para creer en su historia no solo era desesperación. Después de que se anunciara la muerte de Nicolás II en 1918, el nuevo gobierno soviético parecía dudar sobre si debía declarar muerta a toda la familia. Finalmente lo hizo en 1919, pero señaló como responsables a integrantes del Partido Social-Revolucionario de Izquierda. La versión cambió en los años siguientes: las mujeres habían sobrevivido, pero Nicolás y Alexéi estaban muertos; luego, en 1922, se declaró que toda la familia seguía viva. Tanto cambio provocó rumores y teorías conspirativas, de tal modo que las afirmaciones de Tchaikovsky ya no parecieron tan inverosímiles.

No obstante, aún había quienes dudaban: en 1927, un periódico de Berlín contrató al detective privado Martin Knopf para que descubriera la verdadera identidad de Tchaikovsky. Después de muchas investigaciones, declaró que Anna era en realidad una obrera polaca llamada Franziska Schanzkowska, quien había estado desaparecida desde principios de 1920. Su familia estaba preocupada por ella, ya que varios años antes, en 1916, había resultado herida en una explosión en la fábrica, lo que le dejó cicatrices en todo el cuerpo y episodios frecuentes de un trastorno mental grave. Varias personas que la conocían, entre ellas su hermana y su hermano, respaldaron los descubrimientos de Knopf. Aun así, ella siguió insistiendo en que era Anastasia Romanov. En las décadas siguientes la familia Schanzkowska retiraría sus declaraciones, pero no porque no creyeran que Tchaikovsky no era su hermana, sino porque la histeria de los creyentes de Anastasia Romanov que la rodeaban le estaba provocando más daño que bien y su salud mental estaba empeorando. Con la familia Schanzkowska fuera de la foto, Tchaikovsky se encontraba rodeada casi por completo de personas que creían en su historia y la instaban a reclamar sus derechos reales. Se embarcó en una batalla legal que duraría décadas para reclamar la fortuna Romanov. Perdió el caso en 1970, pero Tchaikovsky, que para entonces vivía como Anna Anderson Manahan, seguiría insistiendo en que era Anastasia Romanov hasta su muerte en 1984.

En 1991 dio inicio una excavación en Ekaterimburgo que sacaría a la luz los restos de Nicolás II, su esposa Alejandra y tres de sus hijas, al parecer Olga, Tatiana y Anastasia. Los restos de los otros dos hijos, María y Alexéi, fueron encontrados cerca del lugar en 2007. Con una muestra de ADN del príncipe británico Felipe, se determinó de manera concluyente que los restos pertenecían a la familia real rusa. Anna Anderson Manahan definitivamente no era Anastasia Romanov. Pero, entonces ¿quién era? En 1995 se realizó otro estudio, pero en esa ocasión se utilizó el ADN de la sobrina nieta de Franziska Schanzkowska. Finalmente se obtuvo una respuesta: el ADN demostró parentesco por el lado materno. Anna sí era Franziska Schanzkowska.

Walter Duranty y la gran hambruna

«Los mentirosos se van al infierno». El reportero de *The New York Times* y ganador del Premio Pulitzer, Walter Duranty recordaba en 1935 que durante su infancia, su angelical abuela lo quemaba siempre que mentía: «los mentirosos se van al infierno y ahí te quemarás así por toda la eternidad». Para Walter, esto explicaba por qué no solo no había sentido mucho cariño por su abuela, sino también la completa aversión que le provocaba mentir, característica que era una cualidad para un periodista. Salvo que Walter Duranty sí mentía; de hecho, estuvo detrás de una de las más grandes mentiras del siglo xx, que a fin de cuentas contribuiría a la muerte de millones.

Nacido en Liverpool, Inglaterra, en 1884, Duranty había hecho reportajes sobre asuntos rusos desde los primeros días de la Revolución rusa en 1917. Curiosamente, cuando *The New York Times* lo contrató como reportero ruso en 1919, Duranty no hablaba el idioma y sabía muy poco sobre el país; aun así, se lanzó de lleno a la aventura. A pesar de su falta de conocimiento y del hecho de que conseguía la mayor parte de su información de comunicados de prensa, en un inicio intentó colocarse como un experto en comunismo y en Rusia, y ofrecía piezas increíblemente anti-soviéticas que señalaban con furia a la «banda bolchevique de Moscú» y predecían que el régimen y el país completo pronto caerían. No obstante, detrás de esta fanfarronería, muchos de sus reportajes, en especial el de la guerra polaco-soviética, contenían grandes cantidades de desinformación y datos inexactos. A pesar de ello, Duranty conservó su trabajo y en julio de 1921 fue seleccionado como uno de los pocos periodistas que pudo entrar a Rusia para informar sobre la hambruna del país. Aquello fue un golpe de suerte para su carrera y escribió de manera reveladora sobre el desastre que había reclamado millones de vidas: «¡La suerte me sonrió con la hambruna rusa!». Y efectivamente, la hambruna rusa sería la clave de su éxito. Aprendió a hablar ruso y a navegar a través de la estricta censura rusa sobre la prensa internacional. Para mediados de la década de 1920 ya se había consolidado como uno de los corresponsales occidentales líderes en Rusia: desaparecieron sus diatribas antisoviéticas y, a cambio, le llovió el dinero, consiguió un gran departamento, una amante y no una, sino dos codiciadas entrevistas con José Stalin.

Para Stalin, 1918 fue un gran año, pues develó su primer plan quinquenal para Rusia, con el que volvería colectiva la agricultura e incrementaría la producción industrial. Sin embargo, la forma en que pensaba hacerlo tendría un gran costo humano. Multitudes de campesinos sin conocimientos fueron trasladados para trabajar en fábricas nuevas en las que vivían en condiciones miserables y estaban en peligro constante debido a la maquinaria pesada con la que no tenían experiencia. El impacto de colectivizar la agricultura fue incluso peor. Se entregaron al gobierno las granjas privadas y, como era de esperar, muchos de los que vivían de dichas tierras o eran sus propietarios se resistieron al cambio; llegaron incluso a destruir sus cosechas y campos para evitar que el gobierno las expropiara. Los que se resistieron fueron etiquetados como *kulaks* ('granjeros ricos', término usado en forma peyorativa) y declarados enemigos de Rusia. Stalin se valió de todas las instituciones, desde el ejército hasta la policía secreta para obligar a los campesinos a que entregaran sus tierras, y en cuanto a los kulaks, se decidió «liquidar a toda la clase». En 1930, Duranty se encontró un tren lleno de estos, quienes iban a ser exiliados en Asia Central y después los describió así: «parecían más animales enjaulados que humanos [...] restos y deshechos de la marcha del progreso». Pero en sus envíos a *The New York Times* hablaba muy poco del trato hacia los kulaks y en cambio, se enfocaba en los aspectos positivos del plan quinquenal, alababa a Stalin como un líder cuyos logros serían «mostrados por la historia» y alguien que estaba restaurando el «respeto propio para una nación de esclavos liberados».

Lo que Stalin había hecho en realidad era atar a los campesinos a la tierra de una forma que no habían visto desde la emancipación de los siervos en 1861. Ahora bien, eran obligados a enviar casi todas sus cosechas y comidas al gobierno dejándolos con prácticamente nada. En junio de 1932, el experto canadiense en agricultura Andrew Cairns informó al Ministerio de Relaciones Exteriores Británico que mientras viajaba por Rusia, había visto una hambruna generalizada: «se dejan morir hombres, mujeres, niños, caballos y otros trabajadores para que el plan quinquenal tenga éxito cuando menos en papel», y los más afectados eran Ucrania, el Cáucaso, Crimea y el Volga. No obstante, de acuerdo con Rusia, no había hambruna. En noviembre de 1932, la embajada británica se reunió con Duranty y les sorprendió enterarse que, a pesar de que nunca había mencionado la hambruna en sus artículos, era plenamente consciente de que había una en ese preciso momento, y señaló: «hay millones de personas en Rusia a las que es mejor mantener en necesidad».

UNA MENTIRA GANADORA DEL PULITZER

Duranty fue galardonado con el Premio Pulitzer en 1932 por su trabajo al cubrir la implementación del plan quinquenal de Stalin. *The New York Times* se ha disculpado desde entonces por haber publicado el trabajo de Walter Duranty en ese periodo; sin embargo, a pesar de los numerosos llamados para que le revocaran el Premio Pulitzer, el consejo se ha negado e incluso en 2003, declaró que no había encontrado «evidencia clara y contundente de un engaño deliberado».

El gobierno ruso aprobó un nuevo sistema de pasaportes en diciembre de 1932 que permitiría un mayor transporte de *kulaks* y prevendría que los campesinos hambrientos se trasladaran del campo a los pueblos y ciudades. Entonces, en la primavera de 1933, prohibió que aquellos que trabajaban en tierras colectivas abandonaran su lugar de trabajo, es decir, encerró a los que se encontraban en las áreas de hambruna y los sentenció a muerte por inanición. Duranty reportó esto como si fueran buenas noticias, omitiendo una vez más cualquier mención de la hambruna y aplaudiendo el movimiento ruso para «purgar la ciudad de indeseables». Parte de la negativa de Duranty para reportar algo sobre la hambruna era que estaba trabajando con la meta de que Estados

Unidos reconociera oficialmente a la Unión Soviética, que, como menciona un mensaje de la cancillería de Moscú, sentía que habría sido «un homenaje oficial a sus estimaciones sobre la situación soviética [...] lo que tal vez le garantizaría un nombramiento a la llegada de una embajada de Estados Unidos en Moscú, quizá en un cargo como el de agregado de prensa». A Walter Duranty no le interesaba que alguien afuera de Rusia se enterara de la hambruna, entonces se esforzó por ocultarla, no solo en sus reportajes, sino también en los de los demás.

Entre el 25 y el 30 de marzo de 1933, Malcolm Muggeridge, un periodista del periódico inglés *Manchester Guardian*, finalmente dio la noticia de la hambruna en Ucrania. Reportó en una serie de artículos que no solo pueblos y villas enteros se estaban muriendo de inanición, sino que además el hecho era supervisado por tropas rusas «bien alimentadas», y los habitantes recurrían al canibalismo y al suicidio. El *Manchester Guardian* le dio seguimiento a esto el 30 de marzo con un reportaje *in situ* del periodista Gareth Jones, quien respaldó las declaraciones de Muggeridge. Pero, un día después, Duranty utilizó los recursos mucho más amplios de *The New York Times* para desmentir los descubrimientos del *Manchester Guardian*, explicó que había algunos incidentes de personas que morían de enfermedades relacionadas con la desnutrición, pero que no había hambruna, solo menos comida de lo normal en lo que la colectivización de Stalin terminaba de asentarse y concluyó: «para decirlo claramente, no puedes hacer un omelette sin romper los huevos». A la luz de las palabras del principal corresponsal ruso de occidente, Muggeridge fue catalogado como mentiroso. Pero Gareth Jones contraatacó escribiendo un relato detallado de la hambruna y sus causas para el *Financial News*, no obstante, una vez más, Duranty declaró que Jones exageraba la situación. Jones llevó las cosas hasta los terrenos de Duranty el 13 de mayo, pues escribió una carta en *The New York Times* en la que declaraba que Duranty estaba escondiendo deliberadamente la realidad sobre la hambruna. La Unión Soviética le prohibió la entrada al país poco tiempo después.

La hambruna en Ucrania (conocida allá como Holodomor) se encontraba en su peor momento, morían un promedio de 25 000 personas al día pero aun así, Duranty se mantuvo firme: no había hambruna. Sin embargo, a principios del verano de 1933 comenzaron a surgir más reportes de ucranianos que morían de hambre. Al darse cuenta de que la verdad saldría a la luz tarde o temprano, desesperado, comenzó a construir una narrativa en la que él siempre había informado sobre la situación, vinculándola a los reportajes que escribió en 1921 sobre la hambruna y lamentándose de la censura rusa. No obstante, esta táctica no estaba siendo productiva y luego de que el periodista estadounidense, Frederick T. Birchall, reportara que un estimado de cuatro millones de personas había muerto producto de la hambruna, Duranty se dio a la tarea de visitar las áreas más afectadas. Cuando llegó, en septiembre de 1933, envió informes que proclamaban: «Abundancia encontrada en el norte del Cáucaso», lo que confirmaba que la hambruna era un «absurdo» y sugería que los números que hablaban de millones de muertes habían sido probablemente una conspiración alemana fabricada por los nazis. Pero, al regresar a Moscú le contó a la embajada británica una historia diferente. No había «abundancia» en el Cáucaso; más bien, estimaba que entre ese lugar y el Volga, cuando menos habían muerto o habían sido deportados unos tres millones de personas. De Ucrania, dijo que había «sido desangrada en exceso» y que, junto con las otras regiones, creía que habían muerto unos diez millones de personas como resultado de la agricultura colectiva.

Aun así, Duranty guardó silencio y en cambio siguió intentando que Estados Unidos reconociera a la Unión Soviética, por lo que viajó a Washington D. C. donde se deshizo en elogios sobre los logros de Rusia. Estados Unidos reconoció oficialmente a la Unión Soviética el 16 de noviembre de 1933, y en la cena de celebración, Walter Duranty fue aclamado como el arquitecto de esa gran hazaña. El día de Navidad de ese mismo año, durante una entrevista con Stalin, el dictador lo felicitó calurosamente: «Podría decir que apostaste por nosotros cuando los demás creían que no lo lograríamos, y estoy seguro que no perdiste al hacerlo». Y no lo hizo. No recibió ningún castigo por encubrir las muertes de millones de personas, al contrario, fue galardonado. Sigue sin ser clara la cantidad de víctimas de la hambruna, hay estimaciones que varían entre cinco y diez millones. Las mentiras y omisiones descaradas de Duranty contribuyeron a esta enorme pérdida de vidas. Aunque varios gobiernos eran conscientes de las atrocidades que tenían lugar, la falta de honestidad de Duranty evitó que el público obligara a sus países a intervenir y enturbió más las ya turbias comunicaciones entre los organismos internacionales con respecto a la Unión Soviética.

El experimento Tuskegee

El primer registro que se tiene de la enfermedad de transmisión sexual de la sífilis es de 1494, y desde entonces ha tenido una especie de carrera venérea trotamundos, adhiriéndose a ejércitos invasores y comerciantes internacionales para esparcirse. Entonces, quizá no es de sorprender que después del despliegue de fuerzas armadas durante la Primera Guerra Mundial, en la década de 1930, Estados Unidos se hubiera encontrado en medio de una epidemia de sífilis; se estima que uno de cada diez estadounidenses era portador de la enfermedad. En lo que debería haber sido un paso afortunado, la investigación científica sobre la sífilis iba en aumento, sin embargo, no toda la investigación fue buena. De hecho, un área de la investigación conduciría a uno de los abusos de autoridad médica más terribles de la historia.

En el siglo xix, después de la Proclamación de Emancipación y la histeria subsecuente alrededor de la miscegenación, la investigación de Estados Unidos sobre la sífilis comenzó a enfocarse en el estudio de la división racial de la enfermedad. La conclusión a la que llegaron los doctores fue una teoría darwinesca deformada: que la población negra era psicológica y moralmente inferior por naturaleza, lo que daba como resultado un mayor número de casos de sífilis avanzada. Cabe señalar que mucha de esta investigación se llevó a cabo en áreas pobres donde la gente no podía recibir un tratamiento adecuado para la enfermedad. Con todo y todo, esta teoría se convirtió en una narrativa fija: la población negra estadounidense era la portadora primaria. Al llegar el siglo xx, se añadió algo más a esta teoría de raza: la paradoja de la neurosífilis. Dicha paradoja afirmaba que, aunque era más probable que la población negra se enfermara de sífilis, era poco común que contrajera neurosífilis. El doctor E. M. Hummell explicó en 1911 que el cerebro de los negros estaba lleno de «una euforia infantil por una vida libre de preocupaciones» y por tanto, no había evolucionado lo suficiente como para contraer la neurosífilis, que era «el destino del altamente civilizado hombre blanco». Una vez más, aunque esta investigación se basaba principalmente en el dogma racista y no en un estudio verdadero, la idea de la susceptibilidad nerviosa racial a la neurosífilis saltó a la fama. Si se permitía que empeoraran los casos de neurosífilis en pacientes negros, podrían estudiarse y tal vez se obtendría la clave para conseguir un mejor tratamiento o incluso, una cura. Pero seguramente ningún paciente consentiría jamás a una sentencia de muerte en nombre de la pseudociencia; debían encontrar otra ruta y una universidad en Alabama pareció ser el lugar perfecto.

La Universidad de Tuskegee se fundó en 1881 como parte de un esfuerzo por expandir la educación para la comunidad negra. Ahí, un grupo de médicos, en su mayoría negros, comenzó un estudio sobre sífilis en 1929, el cual incluía pacientes negros; sin embargo, los datos que presentaron fueron únicos, pues no mostraban una estructura racial jerárquica. Por supuesto, aunque el estudio en sí llamó la atención del Servicio de Salud Pública de Estados Unidos (PHS, por sus siglas en inglés) aquello se pasó por alto. Buscaban un lugar para iniciar un estudio sobre la paradoja de la neurosífilis, y Tuskegee no solo tenía experiencia en la investigación de la enfermedad, sino también una numerosa población negra que en ese momento estaba sufriendo un aumento de casos de sífilis: era el lugar ideal.

En 1932, el PHS comenzó a trabajar en el experimento Tuskegee. Gran parte de la comunidad que padecía la enfermedad no recibía tratamiento, principalmente debido al escaso acceso a la atención médica y a su alto costo. Esto permitió que el PHS considerara el experimento como «un estudio en un contexto natural». Los hombres que esperaban poder estudiar no recibían ningún cuidado médico en ese momento y entonces, si no los trataban, ¿era en realidad una violación a la ética? Pero a los hombres que se inscribieron para el estudio no se les dijo que no serían tratados. Con el fin de asegurar una base de datos amplia para la investigación, el gobierno prometió a la comunidad exámenes gratis y tratamiento para quienes tuvieran la «sangre mala», cuyos síntomas podían deberse a cualquier cosa, desde anemia hasta sífilis. Estos exámenes permitían al equipo seleccionar a los que sí tenían sífilis y luego, bajo la promesa de más tratamiento, hacerles una punción lumbar y averiguar si el paciente tenía indicios tempranos de neurosífilis. Hacia el final de la primera fase, el experimento Tuskegee tenía 399 hombres con sífilis y un grupo de control de 201 hombres no infectados.

Sin embargo, en 1933 el experimento se topó con dos obstáculos enormes. El primero era que la neurosífilis necesita años para desarrollarse, y ninguno de los hombres se encontraba ni remotamente cerca de los estados avanzados que el PHS quería estudiar. Querían investigar la última parte de los efectos de la enfermedad en el cerebro y luego realizar una autopsia. Como declaró uno de los líderes del programa, el doctor Oliver C. Wenger: «Ya no nos interesan estos pacientes sino hasta que mueran». Eso tardaría años en ocurrir, y el experimento solo tenía dinero suficiente para seis meses. Pero el PHS estaba impresionado por el progreso logrado hasta el momento y entonces se concedieron los fondos gubernamentales necesarios para que el experimento continuara indefinidamente. Una vez resuelto eso, la atención regresó al segundo problema: los participantes. Esta vez necesitaban ligar a los hombres al experimento de por vida y hacerles creer que los estaban curando de sífilis, aunque en realidad murieran por la enfermedad. Y no solo eso, cada participante tenía que autorizar que le hicieran la autopsia cuando muriera. A los dirigentes del programa solo les importaba conseguir los cuerpos y no las toneladas de mentiras que tendrían que decir para lograrlo. La cuestión se discutió superficialmente en una serie de cartas entre Wenger y el director del experimento, Raymond A. Vonderlehr. Aquel escribió: «Existe un peligro en el último plan y es que si la población de color se entera de que al aceptar la atención gratuita del hospital también están aceptando una autopsia, todos los negros abandonarán el condado de Macon», a lo que Vonderlehr respondió: «Naturalmente [...] no pretendo dejar que se sepa que el objetivo principal de las actividades es conseguir cuerpos para realizarles autopsias».

La solución era desarrollar la confianza de la comunidad. Más allá de la supuesta atención médica que recibían los hombres, el experimento también proporcionaba comida caliente gratuita y transporte al hospital, así como visitas regulares de amables enfermeras. Se generó la idea de que este experimento ayudaría a cambiar por siempre a la comunidad, que salvaría vidas y proveería un nuevo futuro saludable. Detrás de todas estas fanfarrias, se les decía a los pacientes que, si llegaban a morir estando dentro del programa, se cubrirían los gastos funerarios; pero esto solo si habían firmado la autorización de la autopsia. Los hombres aceptaron, ya que confiaban en los doctores que los estaban cuidando y creyeron que tan solo era una precaución razonable; por supuesto que no morirían, estaban siendo mejorados.

SUPERAR TUSKEGEE

En 2020 y 2021, los índices más bajos de vacunación contra covid-19 entre la población afroamericana se vincularon al trauma y la desconfianza de Tuskegee. Sin embargo, los descendientes de los participantes trabajan activamente para romper este ciclo: la Fundación Voces para el Legado de Nuestros Padres concede becas a los jóvenes para que cursen estudios universitarios en bioética y asistencia médica, y da conferencias sobre la atención médica informada.

Para mediados de la década de 1940, la penicilina ya era ampliamente accesible y se había vuelto el tratamiento de referencia para la sífilis. Sin embargo, el experimento Tuskegee siguió adelante. En 1941, muchos de los pacientes varones se enlistaron al ejército de Estados Unidos para pelear en la Segunda Guerra Mundial. Como parte del cuidado médico militar, a cada soldado se le dio tratamiento para la sífilis, pero se arregló que a los 256 reclutas de Tuskegee se les diera un placebo. No obstante, el experimento no pudo ser contenido mucho tiempo más. Conforme fue avanzando la década, los hombres que habían estado recibiendo el supuesto tratamiento durante ya casi dos décadas, solo empeoraban más. Al ver que otros recibían penicilina y se recuperaban, algunos comenzaron a buscar segundas opiniones en secreto. A principios de la década de 1950, casi 30 % de los participantes había logrado conseguir tratamiento externo, aunque solo cerca de 7 % logró obtener lo suficiente antes de que la dirección del programa interviniera. Los líderes del experimento estaban furiosos, pues era apenas en los últimos años que habían comenzado a morir los hombres suficientes para poder estudiar las autopsias, y solo una tercera parte de las muertes habían sido resultado de la neurosífilis y complicaciones sifilíticas. Las muertes querían decir que el experimento estaba funcionando, pues Wenger escribió: «Ahora sabemos lo que antes solo podíamos conjeturar, que hemos contribuido a sus dolencias y que hemos acortado sus vidas». Si los pacientes comenzaban a recibir tratamiento externo, el experimento fracasaría. Entonces los líderes del programa hicieron lo impensable y se pusieron en contacto con los doctores del condado cercano y les prohibieron tratar a los hombres de Tuskegee. Con esta acción los pacientes quedaron condenados, sin cuidado médico y así el experimento pudo continuar hasta 1972.

El empleado del PHS Peter Buxtun exhibió públicamente el experimento Tuskegee en ese año. Buxtun había estado presentando quejas formales sobre la ética del experimento desde 1966, pero fue rechazado una y otra vez. Al no encontrar otra forma de acabar con el experimento, filtró la información del programa a la prensa en julio. Las protestas del público obligaron al gobierno a intervenir y en agosto se formó el Panel Asesor Ad Hoc para el Estudio de la Sífilis de Tuskegee, para investigar si el experimento podía continuar. Este concluyó que el estudio se había «vuelto» poco ético pero delegó la responsabilidad de la muerte en los pacientes mismos al declarar que tal vez no habían otorgado un consentimiento informado, pero que sí habían accedido a ser parte del mismo, si bien con información falsa. Se cerró el experimento Tuskegee, pero para ese momento, solo seguían vivos 74 de los participantes: 28 habían muerto de sífilis, cien más de complicaciones relacionadas y varias parejas habían contraído la enfermedad sin saberlo, lo que tuvo como resultado que cuando menos 19 niños nacieran con sífilis congénita.

No obstante, el impacto del experimento no se limitó a esta comunidad destruida. Un estudio de 2016 sobre las secuelas del programa encontró que había originado una desconfianza enorme en los profesionales médicos y en el Servicio de Salud Pública de Estados Unidos, lo que en consecuencia se estima ha bajado la expectativa de vida de los hombres afroamericanos hasta 1.5 años.

El teatro de Theresienstadt

La maquinaria que hizo posible que el Holocausto se llevara a cabo se construyó sobre mentiras. Algunas de sus primeras víctimas fueron aquellos con discapacidades físicas y mentales, quienes fueron señalados tan pronto como el Partido Nazi llegó al poder en 1933. Lo que comenzó como una esterilización sistemática, para 1939 se había transformado en una ejecución masiva, cobijada por el secreto y la palabra clave «eutanasia». Comenzaron con niños con discapacidades, principalmente de desarrollo y aprendizaje; con frecuencia se les decía a los padres que sus hijos iban a recibir un cuidado médico especializado, pero no volvían a verlos jamás. Enviaban a los hogares cenizas y certificados de defunción falsos en lugar de los niños. El éxito de estos asesinatos secretos abrió el camino para incluir adultos con discapacidades similares y, para 1940, ya se encontraban en funcionamiento centros especializados en «eutanasia» y en el uso de gas venenoso. Se había puesto en marcha la fundación para la Solución Final, pero sus creadores enfrentaban un gran problema: sus planes para la solución final involucraban millones de personas. Para mantener funcionando la operación, sería imperativo ocultar estas muertes mediante el uso de la censura y el secretismo a niveles sin precedentes. Con este fin fue que se inventó el gueto de Theresienstadt: un punto intermedio de camino a los campos de concentración, el lugar para los judíos condenados que esperaban ser transportados a Auschwitz; pero lo más importante era que se trataba de un pueblo de juguete que podía utilizarse para engañar a las autoridades internacionales y demostrar que, sin importar lo que dijeran los rumores, los nazis no estaban matando judíos.

Construido en 1780 por el emperador José II del Sacro Imperio Romano Germánico, Theresienstadt era un pequeño pueblo amurallado en lo que ahora es la República Checa. Quedó prácticamente abandonado en la década de 1880 y para la de 1930 su población era de cerca de siete mil habitantes. Durante la ocupación nazi de Checoslovaquia, las tierras que comprendían Theresienstadt, Bohemia y Moravia se anexaron en 1941, y quedó a cargo de Reinhard Heydrich. Fue uno de los principales arquitectos en la creación del Holocausto, y como parte de sus planes se le ocurrió la idea de que, para poder ocultar la verdadera naturaleza de la exterminación que se llevaría a cabo, los nazis necesitaban un señuelo. Un campamento modelo que pudiera ser exhibido para promover la mentira de que el régimen nazi cuidaba de la población judía. Theresienstadt era el lugar indicado, estaba amurallado y aislado, pero con fácil acceso a los campos de muerte. Para finales de 1941, los habitantes del pueblo fueron evacuados y comenzaron los trabajos en el nuevo «asentamiento».

La visión inicial de Heydrich sobre Theresienstadt era una especie de hogar de retiro falso. La versión oficial era que los judíos serían llevados a campos de trabajo; sin embargo, comenzaron a surgir sospechas en lo concerniente a las personas mayores judías que no podían realizar trabajos pesados, entonces ¿a dónde irían? A Theresienstadt. Heydrich dio la orden de que llevaran al gueto a los judíos mayores de 65 años que hubieran sido condecorados, heridos o catalogados como héroes de guerra. Para completar la treta, a estas personas se les dijo que serían reubicadas y se les pidió que cedieran la propiedad de sus bienes y riquezas a cambio de «garantía de alojamiento residencial y manutención de por vida» en Theresienstadt. Pero en mayo de 1942 surgieron problemas inesperados: Heydrich fue asesinado y sus primeros prisioneros «modelo» llegarían hasta el mes siguiente. En lugar de cancelar los planes, rápidamente encontraron un reemplazo: Adolf Eichmann. Era de vital importancia que la farsa prosiguiera para proteger la solución final.

En junio de 1942, cuando los judíos veteranos llegaron cargados de muebles para sus nuevos hogares, se dieron cuenta de que los habían engañado. Al contrario de lo que habían creído, los llevaron a barracas hacinadas, con literas apiladas hasta el techo casi sin espacio para moverse. En pocas semanas reinaron la desnutrición y las enfermedades. Aun así, en junio del año siguiente, se llevó a cabo el primer gran intento de usar Theresienstadt con fines propagandísticos y se invitó a dos representantes alemanes de la Cruz Roja a un recorrido. Fue un gran fracaso, pues los representantes se mostraron disgustados por lo que vieron y se quejaron por las condiciones de hacinamiento. Para rebatir esto, en septiembre se tomó la decisión de deportar a cinco mil personas, mayormente familias, a Auschwitz. A los prisioneros se les instaló en el recién creado campamento familiar de Theresienstadt en lugar de matarlos de inmediato; no se les rapó la cabeza y se les permitió usar ropa de civil. Un requisito para el campamento era que las cartas al exterior debían describir el trato maravilloso que se podía esperar en Auschwitz; los guardias marcaban las cartas con un «SB6», que significaba que el prisionero recibía un trato preferencial, pero que sería asesinado en seis meses.

El fracaso de la visita de la Cruz Roja en 1943 había dejado en claro que para que Theresienstadt funcionara debían convertirlo en una especie de teatro. Debía mostrar una fachada agradable y debían esconder los horrores cotidianos que tenían lugar detrás de escena. La primera actuación sería crucial, debía convencer a la Cruz Roja danesa de que la deportación de su población judía era humanitaria. Los nazis se habían enfrentado a una oposición constante desde los primeros intentos de deportar a los judíos daneses en septiembre de 1943. Servidores públicos, líderes religiosos, la resistencia danesa y muchos miembros del pueblo hacían todo lo que podían para filtrar información sobre redadas para advertir a amigos y familia judíos y para ayudarlos a escapar o a esconderse. El primero de octubre de 1943, una redada de judíos programada consiguió capturar tan solo quinientas personas mientras que lograron escapar otras siete mil. Con la Cruz Roja tratando de derribar las puertas para descubrir lo que ocurría en los campamentos, los nazis decidieron que lo mejor sería revelar el nuevo Theresienstadt. A finales de 1942 comenzó un programa de «embellecimiento»: se plantaron 1 200 rosales, apareció una plaza central frondosa, se instalaron fachadas de negocios de todo tipo, desde tiendas hasta lencería. Se construyó un parque con juegos, macetas en las ventanas salpicaban las calles llenas de árboles y se renovaron los falsos departamentos. Todo quedó listo en junio de 1944.

La fecha para la visita de la Cruz Roja se fijó para el 23 de junio. En las semanas previas, aquellos que se consideró que no encajaban con la nueva estética fueron enviados a Auschwitz para ser liquidados y el espacio que liberaron se usó para mejorar las condiciones de los ancianos residentes del gueto y promocionar la mentira inicial de «comunidad de retiro». Los miembros de la comunidad judía restante fueron ataviados con ropa a la moda y, bajo la supervisión constante de la ss, pasaron semanas ensayando sus papeles, ya fuera vigilando a los niños que jugaban en el parque o «comprando» en el centro del pueblo. Finalmente llegó el día de la visita y durante ocho horas le mostraron a la Cruz Roja la fantasía construida por los nazis. Al parecer lograron engañarlos, pues en el reporte final, el doctor Rossel, representante de la Cruz Roja suiza señaló contento: «ciertamente existen pocas poblaciones cuya salud se cuida con tanto esmero como en Theresienstadt». Para los judíos que fueron obligados a tomar parte en esta pantomima fue devastador darse cuenta de que la Cruz Roja no intervendría. Leo Baeck, un líder del consejo de ancianos de Theresienstadt declaró: «Parecen completamente convencidos por la farsa montada para engañarlos. [...] Tal vez conocían las verdaderas condiciones, pero parecía como si no quisieran saber la verdad. El efecto sobre nuestra moral fue devastador. Nos sentimos olvidados y abandonados».

El éxito de la visita fue tal que decidieron hacer una película propagandística. El reparto y el director —el actor alemán y antiguo compañero de Marlene Dietrich, Kurt Gerron— fueron seleccionados de entre los prisioneros del gueto y comenzaron a filmar bajo la supervisión de la ss en el otoño de 1944. El título en pantalla decía: *¡El Führer les da una ciudad a los judíos!*, y seguidamente se desarrollaban escenas de una vida feliz en Theresienstadt, con música animada de fondo mientras multitudes vitoreaban en un partido de futbol, trabajadores alegres se afanaban en una fábrica y las mujeres conversaban recargadas contra las puertas de las casas. Incluso se redujeron los oscuros rumores sobre las regaderas de las cámaras de gas con una escena de hombres aseándose en la regadera comunal. Una vez que terminó la filmación, Gerron y su reparto fueron enviados a Auschwitz para ser asesinados en las cámaras de gas. A finales de 1944, solo quedaba un estimado de 11000 presos en Theresienstadt.

EDICIÓN DEFINITIVA

Nunca se proyectó la película de noventa minutos de Gerron sobre Theresienstadt. La idea había sido cambiar la opinión internacional y permitir que se completara la solución final. No obstante, para el momento en que se autorizó la edición definitiva, era marzo de 1945 y la derrota de los nazis ya era inminente. El carrete de la película fue destruido, pero sobrevivieron veinte minutos de fragmentos que todavía hoy pueden verse y que ofrecen un terrible vistazo a lo que probablemente fue una de las campañas propagandísticas más perversas de la historia.

En marzo y abril de 1945 se realizaron otras dos visitas de la Cruz Roja y, una vez más, los representantes parecieron creerse la mentira que habían montado para ellos. A finales de abril, cuando las fuerzas aliadas comenzaron a liberar los campos de concentración, cerca de 15 000 prisioneros llegaron a Theresienstadt, la mayoría sobrevivientes de las marchas de la muerte de otros campos. Con ellos llegó la tifoidea que pronto se extendió por el gueto y mató más o menos a 1500 personas. Finalmente, el 2 de mayo de 1945, la Cruz Roja se hizo cargo del manejo del campamento y la Unión Soviética asumió el control los días siguientes. Se estima que unas 141 000 personas, en su mayoría judíos, pasaron por Theresienstadt; de ellos, solo sobrevivieron 23 000, los demás murieron en el gueto o fueron deportados a los campos de exterminio.

La creación de una traidora: Iva Toguri D'Aquino

«¡Saludos a todos! Esta es tu compañerita de juegos, quiero decir, tu enemiga acérrima, Ann, con un programa de peligrosa y malvada propaganda para mis víctimas en el Pacífico Sur». Esta sarcástica transmisión japonesa de 1944 para el ejército estadounidense terminaría en el juicio por traición de Iva Toguri D'Aquino, catalogada como una de las peores traidoras de la historia de Estados Unidos. Irónicamente, Iva nació un 4 de julio, día de la independencia de ese país, pero en 1916, y era hija de inmigrantes japoneses. Creció en California, formó parte de las Girl Scouts de Estados Unidos, perteneció a una hermandad en la universidad y se graduó en Zoología; después viajó a Japón en 1941 para cuidar a su tía enferma. A las pocas semanas de haber llegado, Iva estaba desesperada por irse, pues casi no hablaba japonés y extrañaba muchísimo su hogar. Sin embargo, sus planes se vinieron abajo cuando

Japón atacó Pearl Harbor. Estaba atrapada y después de rehusarse a renunciar a la ciudadanía estadounidense fue declarada extranjera enemiga. Como necesitaba un trabajo con urgencia, Iva terminó trabajando como mecanógrafa para la principal estación de radio japonesa de propaganda: Radio Tokio.

La idea de utilizar la radio extranjera con fines tanto propagandísticos como de guerra psicológica surgió pocos meses después de que Japón le declarara la guerra a los Aliados en diciembre de 1941. Japón y Estados Unidos acordaron hacer un intercambio de diplomáticos y presos en mayo de 1942 y aunque ese plan se vino abajo rápidamente, en agosto de ese mismo año cerca de mil japoneses llegaron al puerto de Yokohama desde Estados Unidos para su repatriación. Con la esperanza de incrementar la difusión de propaganda japonesa en Estados Unidos, se interrogó a muchos de los pasajeros del barco para saber de dónde obtenían las noticias de Japón estando ellos en Estados Unidos y una de las respuestas más populares fue la estación de radio japonesa Radio Tokio. Se comenzó a trabajar de manera inmediata para inundar las ondas hertzianas de Radio Tokio con propaganda sobre atrocidades, a lo que pronto siguieron radionovelas y monólogos que condenaban al ejército estadounidense. Sin embargo, el embajador japonés en Irán, Ichikawa Hikotaro, pensaba que podían hacer más. Se había dado cuenta de que muchas de las fuerzas aliadas oían las transmisiones de la British Broadcasting Company (BBC), y esta intercalaba propaganda en sus programas. No obstante, a diferencia de Radio Tokio, la BBC no solo transmitía propaganda, también ofrecía música, entrevistas y conductores agradables y eso atraía a los soldados. Radio Tokio dio un giro de 180° y comenzó con la creación de un bloque de programación dirigido a las tropas australianas y estadounidenses dentro y en los alrededores de Japón. El programa principal era *La Hora Cero*, que era conducido por prisioneros de guerra y tocaba música occidental. Y lo más importante: incluía grabaciones de otros prisioneros de guerra leyendo cartas para sus familias y compartiendo noticias de su encarcelamiento con sus compañeros de armas. Si querías saber cómo se encontraba un amigo que había sido capturado, entonces tenías que escuchar Radio Tokio con la consiguiente propaganda. Esta habría sido una estrategia ingeniosa, si no hubiera sido por el hecho de que los conductores que presentaban *La Hora Cero* estaban arriesgando todo al convertirlo en una farsa absoluta.

El líder del equipo de *La Hora Cero* era el mayor Charles Cousens, quien previamente había trabajado como productor de radio en Sídney. Se le unió el estadounidense Wallace Ince y el filipino-americano Norman Reyes, y cuando se decidió que el programa necesitaba una presentadora femenina, se incluyó a Iva Toguri D'Aquino. Iva debutó en el programa en noviembre de 1943 con el papel de la «huérfana Ann», una mujer japonesa que difundía propaganda mientras ponía discos. Iva cambiaba el guion que le daba el equipo de propaganda, incluía selecciones de música evidentemente ridícula como antiguas pistas de acordeón y le daba la vuelta a los censuradores al usar jerga estadounidense y hablar rápido: «¡Hola, enemigos! ¿Qué hay? Yo soy Ann de Radio Tokio [...] ¡No bajen la guardia y procuren que los niños no escuchen! ¿Listos? OK. Acá va el primer golpe a su moral ¡Los Boston Pops con *Strike Up the Band*!».

El humor de Iva y su sarcasmo constante la convirtieron en la favorita de las tropas radioescuchas; sin embargo, ella tenía problemas con su papel en la estación. En abril de 1944, Ince dejó el programa después de que un guardia lo golpeara y lo dejara incapacitado para trabajar; luego, en junio también se fue Cousens, quien sufrió un ataque al corazón como consecuencia del pobre tratamiento médico en los campos de prisioneros de guerra. Sin el líder del equipo, los superiores de Radio Tokio tomaron el control de *La Hora Cero* y obligaron al equipo a hacer a un lado las bromas y a concentrarse en la propaganda. Iva dejó de asistir a sus turnos a modo de protesta y poco a poco la huérfana Ann desapareció del aire.

PEARL HARBOR

El 7 de diciembre de 1941, Japón llevó a cabo un ataque aéreo sorpresa sobre la base naval de Estados Unidos de Pearl Harbor en Hawái. Además de la enorme destrucción de aviones y barcos de guerra, murieron 2 400 personas, entre personal militar y civiles. Estados Unidos le declaró la guerra a Japón un día después.

En 1944 comenzaron a surgir reportes de una misteriosa «Rosa de Tokio», el nombre que las tropas estadounidenses le habían dado a la presentadora de propaganda de Radio Tokio. Lo más probable es que en un inicio fuera Iva; sin embargo, a finales de ese mismo año, cuando dejó de ir a la estación, fue reemplazada por varias mujeres, entre las cuales se encontraban Miyeko Furuya y Ruth Hayakawa, quienes leían la propaganda de atrocidades que les daban sin rodeo alguno. Una investigación conducida por la Oficina de Información de Guerra de Estados Unidos en 1945 concluyó que la «Rosa de Tokio» no era una sola persona, sino un grupo de mujeres: «No existe la Rosa de Tokio; el nombre es un invento estrictamente de los soldados estadounidenses». Aun así, después de la ocupación de Japón por parte de Estados Unidos en septiembre de 1945, comenzó una competencia entre periodistas para desenmascarar a la Rosa de Tokio. Al reportero de *Cosmopolitan*, Harry Brundidge le avisaron que Iva había trabajado en *La Hora Cero* y la buscó. Para ese momento, Iva se acababa de casar con el inmigrante portugués-japonés Filipe D'Aquino y la pareja buscaba desesperadamente la forma de conseguir dinero para regresar a Estados Unidos. Brundidge le ofreció dos mil dólares a Iva para que declarara que ella era la única y original Rosa de Tokio, una historia que ambos sabían no era verdad. Pero como Iva necesitaba el dinero, aceptó. Sin embargo, el editor de Brundidge se negó a pagar y ante el temor de que Iva lo demandara, el reportero entregó la confesión de Iva a los cuerpos de contrainteligencia. Fue arrestada y detenida en la prisión de Sugamo en Yokohama durante más de un año antes de que la falta de evidencia ocasionara que se retiraran los cargos de traición en su contra.

Durante su detención, los periódicos estadounidenses habían recogido la historia de la Rosa de Tokio y catalogaron a Iva como traidora. A finales de 1946 solicitó un nuevo pasaporte que le permitiera regresar a Estados Unidos. La noticia sobre la cruzada de Iva para volver a casa había llegado hasta el columnista Walter Winchell, quien armó una campaña para evitar que entrara al país con el apoyo de J. Edgar Hoover y el consulado de la ciudad de Los Ángeles; este último aprobó una resolución que le prohibía entrar al condado en el que entonces vivían sus padres. Cuando se intensificó el encono del pueblo, el gobierno del presidente Truman se vio presionado para hacer algo, habían sido «demasiado suaves con los traidores» y la Rosa de Tokio debía pagar por sus crímenes. Iva fue arrestada nuevamente en septiembre de 1948 y fue deportada a San Francisco, donde permanecería hasta el juicio. El 8 de octubre fue acusada de ocho cargos de traición y durante casi un año esperó tras las rejas mientras el gobierno preparaba el caso en su contra.

El 5 de julio de 1949 dio inicio el juicio en contra de Iva Toguri D'Aquino. Había muy poca evidencia física, pues muchas de las grabaciones del trabajo de Iva en *La Hora Cero* habían sido destruidas después de su arresto en 1945. De las que sobrevivieron, en ninguna había evidencias de traición, por lo que la fiscalía se basaba principalmente en el testimonio de testigos, en particular el de Kenkichi Oki y George Mitsushio, dos japoneses-estadounidenses que testificaron que Iva había transmitido en vivo celebrando la destrucción de un barco estadounidense. El mayor Charles Cousens viajó desde Australia para defenderla y explicar el tono sarcástico de *La Hora Cero*, pero esto cayó en oídos sordos. Iva fue declarada culpable el 29 de septiembre de un cargo de traición: usar un micrófono para difundir información sobre la destrucción de barcos estadounidenses. Le impusieron una multa de diez mil dólares, le quitaron la nacionalidad estadounidense y la sentenciaron a diez años de prisión. Sin embargo, le concedieron la libertad condicional en 1956 y se fue a vivir con su familia en Chicago. Aun así, seguía teniendo la etiqueta de traidora y constantemente tenía que defenderse de amenazas e intentos de deportación. Luego, en 1976 todo cambió; el *Chicago Tribune* publicó una investigación en la que Oki y Mitsushio admitían haber cometido perjurio y decían que habían sido amenazados con juicios por traición si no mentían en la corte. Iva recibió un perdón presidencial en 1977 que limpió su nombre de una vez por todas. Hasta el día de hoy es la única estadounidense que ha sido absuelta por traición.

La negación del censo

En marzo de 1942, mientras Iva Toguri D'Aquino tenía dificultades para adaptarse a su nueva vida como extranjera estadounidense en Japón, sus padres enfrentaban la posibilidad de ser arrestados en Estados Unidos. El presidente Franklin D. Roosevelt había aprobado la orden ejecutiva 9066, que dejaba el camino libre para que los japoneses que vivían en Estados Unidos fueran confinados en campos de internamiento. En apariencia, la medida era para prevenir el espionaje y contener así la «amenaza japonesa», a pesar del hecho de que un reporte de noviembre de 1941 había declarado que no existía una amenaza: «los japoneses de aquí son leales a Estados Unidos o, cuando menos, esperan que si mantienen un perfil bajo podrán evitar los campos de concentración o turbas irresponsables». De hecho, el subsecretario de Guerra, John McCloy después relataría que la decisión de crear los campos de internamiento se debió principalmente a la percepción pública, pues la animosidad hacia las personas de ascendencia japonesa se incrementó de manera drástica después del bombardeo a Pearl Harbor en diciembre de 1941. Sin importar los motivos de dicha decisión, para agosto de 1942 cerca de cien mil personas que vivían en la costa occidental de Estados Unidos fueron enviadas a campos improvisados y, para el final de la guerra, 120 000 vivían en campos de internamiento de japoneses, de los cuales, alrededor de 70 000 eran ciudadanos estadounidenses. Pero ¿cómo fue que se llevó a cabo tan rápido el aprisionamiento? La respuesta es simple: el censo.

En la década de 1930, algunos datos de los censos comenzaron a dar un giro oscuro, pues hubo varios casos en los que esta fuente de datos estadísticos se utilizó para cometer atrocidades y violaciones a los derechos humanos a gran escala. En 1936 se realizó el primer censo estalinista por toda la Unión Soviética. Dicho censo fue vital para proporcionar al gobierno información precisa con la cual crear una planeación económica, pero también para revelar el enorme número de muertes que había provocado el régimen, en particular los millones que fallecieron como resultado de la agricultura colectivizada. Por ende, se acordó que nunca debería ser publicado; sin embargo, cuando la recolección de información se completó en marzo de 1937, los resultados impresionaron incluso a Stalin. Solo el número de muertes era irrebatible, entonces limpiaron todo el censo y ejecutaron a los estadísticos principales. Cuando se publicó en 1939, estaba enormemente manipulado para reflejar la fuerza del régimen. El otro uso incorrecto de la información de los censos era para localizar grupos minoritarios. Los Países Bajos comenzaron una campaña para mejorar el sistema de registro de población en 1938. Esto sería un cambio positivo, una forma de rastrear a sus ciudadanos desde «la cuna hasta la tumba» y de mejorar la infraestructura a su alrededor. Sin embargo, estos grandiosos avances se detuvieron de manera abrupta cuando, en 1941, se creó un sistema de «registro especial» para ubicar e identificar a las poblaciones judía y romaní. Entonces, se utilizó para detenerlos y deportarlos a los campos de concentración y de exterminio. La solidez del sistema de información de población de los Países Bajos significó que, aunque otros países como Alemania y Polonia usaran sus censos por los mismos motivos, los judíos del país tendrían a fin de cuentas una de las tasas más altas de mortandad que cualquier otro país europeo ocupado durante el Holocausto.

LA VERDAD CONCENTRADA

Aunque públicamente se les llamaba «campos de internamiento», en realidad funcionaban como campos de concentración, pues el mismo presidente Roosevelt se refería a ellos de esa manera. En 1946, el secretario del Interior, Harold Ickes, explicó el uso interno: «Le pusimos el elegante nombre de "centros de internamiento" a esas zanjas polvosas, pero en realidad eran campos de concentración».

Después del estallido de la Segunda Guerra Mundial en septiembre de 1939, el FBI y varias agencias de inteligencia más solicitaron acceso a los bancos de datos del censo estadounidense, principalmente para evaluar el número de ciudadanos con ascendencia vinculada a las potencias del Eje, Alemania, Italia y Japón. Sin embargo, William Lane Austin de la Oficina del Censo de Estados Unidos, negó el acceso ya que iba en contra de la Ley de Censo Integral de 1929, que establecía que la información tenía únicamente «propósitos estadísticos» y que «el director del censo [no podía] permitir que alguien fuera de los empleados bajo juramento de la Oficina del Censo examinaran los reportes individuales». Como resultado de este desafío, Austin se vio obligado a renunciar y, después de un intercambio administrativo bastante largo, en 1942 se aprobó la Segunda Ley de Poderes de Guerra. Dicha ley garantizaba a las agencias de gobierno el acceso a cualquier información que se encontrara protegida legalmente siempre y cuando fuera «para su uso en relación con el desarrollo de la guerra». Y así, el censo de 1940 quedó accesible para ser usado en las redadas e internamiento de ciudadanos japoneses en Estados Unidos.

En las décadas que siguieron a la Segunda Guerra Mundial, varias naciones transparentaron el uso de la información estadística en la detención y deportación de grupos minoritarios, pero Estados Unidos no. Sin embargo, a finales de la década de 1960 comenzó un movimiento dentro de la comunidad japonesa-estadounidense que buscaba tanto el reconocimiento como la compensación por el trato que recibieron durante la guerra. Lo anterior se conoció como The Redress Movement (Movimiento por el reclamo de compensaciones) y como lo expresaba uno de los panfletos:

> La compensación por las injusticias sufridas entre 1942 y 1946 no es solo un tema aislado de los japoneses-estadounidenses: es un tema de preocupación de todos los ciudadanos. La indemnización no le pone un precio a la libertad o la justicia. El tema no es recuperar lo que no puede ser recuperado. El tema es reconocer el error mediante el otorgamiento de compensaciones adecuadas a las víctimas de la injusticia, y de esta manera, hacer que sea menos probable que vuelvan a repetirse.

Durante este periodo, comenzó a aumentar la presión para que la Oficina del Censo de Estados Unidos investigara su participación en el internamiento. Como lo explicó el activista y académico Raymond Y. Okamura en una declaración ante la Comisión de Reubicación e Internamiento de Civiles en Tiempo de Guerra: «desde el censo de 1960, la Oficina ha usado como argumento principal el ejemplo de una presunta negativa a entregar nombres y direcciones de japoneses-estadounidenses al Departamento de Guerra en 1942». Sin embargo, la Oficina afirmó que no existía evidencia de que se hubiera entregado información personal de acuerdo a la Ley de Poderes de Guerra de 1942. En 1991 cambió ligeramente su postura, como declaró el empleado de larga trayectoria Ed Goldfield: «Por lo que entiendo, lo que finalmente se resolvió en la reubicación de japoneses y casos similares fue que la Oficina del Censo proporcionó únicamente información estadística, pero no identificó individuos japoneses».

Esta fue la línea oficial hasta el año 2000, cuando dos académicos, Margo Anderson y William Seltzer, finalizaron una profunda investigación de los archivos de la Oficina, en la que encontraron pruebas irrefutables de que el censo había sido usado para implementar el internamiento y abuso de individuos estadounidenses de origen japonés. Durante sesenta años lo anterior no únicamente se negó, sino que se utilizó para generar confianza. La disculpa llegó por fin en ese mismo año, pues el director del Censo, Kenneth Prewitt reconoció: «La Oficina del Censo describió su papel de tal manera que no quedaba clara su participación en el internamiento. Peor aún, algunos documentos de la Oficina del Censo harían creer al lector que esta se comportó de semejante forma para proteger los derechos civiles de los ciudadanos estadounidenses de ascendencia japonesa. Se está corrigiendo esta distorsión del registro histórico».

Operación Legado

Tres hombres y dos mujeres ancianos kenianos demandaron en 2009 al gobierno británico por las atrocidades cometidas en su contra por las autoridades coloniales británicas durante la rebelión del Mau Mau. El Ejército de Tierra y Libertad de Kenia luchó, entre 1952 y 1960 contra la autoridad británica en ese país. Cuando este se convirtió en colonia de la Corona en 1920, los colonos blancos sacaron a mucha gente de sus propias tierras, en particular a los kikuyu, el grupo étnico más grande de Kenia. Marginados y con pocos derechos políticos, querían que les devolvieran su país. En respuesta, las autoridades coloniales británicas mandaron al ejército, instalaron campos de concentración y comenzaron una rutina de brutalidad sistemática. Los demandantes declararon en 2009 que por órdenes británicas habían sufrido tortura, abuso sexual y dos de los hombres habían sido castrados. A pesar de que Kenia ya tenía mucho tiempo que había dejado de estar bajo el dominio colonial, las autoridades británicas mostraron una gran renuencia a investigar dichos reclamos. En un inicio dijeron que no existían registros sobre la rebelión del Mau Mau. Luego, en 2011, el gobierno admitió que tenía algunos archivos secretos entre los que se encontraban documentos relativos a dicha rebelión, y por fin se dio a conocer el verdadero motivo de su actitud evasiva: había habido evidencias de las atrocidades cometidas, pero la mayoría ya no existían, el gobierno las había quemado.

Conforme el Imperio británico se desmoronaba en el abismo del siglo xx, a partir de la década de 1940, se llevaron a cabo programas de descolonización que tardaron varias décadas. Además de la devolución del poder estaba la entrega de registros gubernamentales tanto pasados como presentes. En teoría, Gran Bretaña entregaría todos los documentos a los gobiernos entrantes, pero en realidad no quería hacerlo, porque ello implicaría entregarle a las nuevas naciones independientes evidencias de cada hecho sombrío que se había cometido en su contra durante el gobierno colonial. Y entonces dio inicio un proceso para separar los llamados registros «vergonzosos» y llevárselos a escondidas a Gran Bretaña. El problema era que enviar tantos documentos consumía demasiado tiempo y que la mayoría de las oficinas coloniales no tenían el personal para hacerlo con el secretismo necesario. Entonces, rápidamente se instauró un plan B: regresar lo que pudieran y destruir lo demás, o como dijo un funcionario: «no se extrañará lo que se quemó».

Por principio de cuentas, estas quemas de documentos eran improvisadas y con frecuencia mal planeadas y ejecutadas. En 1947, funcionarios demasiado entusiastas en la oficina colonial de Delhi quemaron tantos registros que la humareda permaneció en la ciudad durante días.

Un esfuerzo ligeramente más organizado se hizo en 1956 cuando las autoridades británicas se prepararon para retirarse de Malasia. Estos registros contenían evidencias de la violencia hacia grupos rebeldes, así como de deportaciones masivas y arrestos en comunidades étnicas chinas, la masacre y quema de la villa de Batang Kali, junto con incidentes de lo que llamaban en tono de burla «golpear la jungla». La oficina colonial local determinó lo que podría ser «históricamente importante» y quemó todo lo demás, en esta ocasión se utilizaron los incineradores de los barcos británicos en Singapur para evitar sospechas.

Pero ¿qué se podría considerar como históricamente importante? Esa era una pregunta que preocupaba mucho al personal de las oficinas coloniales de Tanganica (ahora Tanzania continental), quienes habían comenzado a destruir archivos en diciembre de 1960. El proceso fue supervisado por Richard Clifford de la oficina del vicegobernador en Dar es-Salaam, quien hizo grandes esfuerzos por evitar que algún colega africano viera los registros en debate. Al resto del personal se le dijo que revisaran las primeras páginas de documentos históricos y decidieran a partir de ahí si se «destruirían esos papeles» o si se enviarían a Gran Bretaña. El enorme volumen de archivos y la locura que significaba revisarlos todos dio lugar a la categorización simple de «limpios» o «sucios»: si un documento despedía un olorcillo o estaba en mal estado, lo más seguro era ponerlo en la pila que iba a la fogata. Esta metodología luego pasó a las oficinas ugandesas, pues dicho país también ya iba en camino de la independencia. Sin embargo, la oficina ugandesa contaba solo con un puñado de trabajadores blancos europeos, entonces, si querían revisar todos los archivos, necesitaban traer cuando menos unos cuantos colegas africanos. El servicio de seguridad MI5 se opuso enérgicamente y, en un memorándum con relación a una asistente de origen africano, insistió que no podía trabajar en el proyecto ya que los términos de su contrato inicialmente eran «diferentes a los actuales en el sentido de que [en ese momento] el manejo de documentos de seguridad se abordaba sin considerar la raza».

Una vez establecido el sesgo racial, las oficinas ugandesas concluyeron que «todos los documentos que puedan mostrar discriminación racial en contra de los africanos (o negros en Estados Unidos)» debían ir a la pila, junto con cualquier cosa que indicara discriminación religiosa. Para mayo de 1961, tras la rebelión del Mau Mau, la oficina colonial de Kenia comenzó el proceso de destrucción de documentos siguiendo los métodos usados en Uganda. Memorándums internos muestran que el personal entró en pánico después de que un compañero africano preparó una taza de té para un administrativo que trabajaba en el proceso de selección. Se decidió rápidamente que «no se le debería permitir entrar a ninguna de las oficinas durante las horas de trabajo». Otra filtración potencial surgió cuando se descubrió que el personal se había dado a la tarea frenética de ocultar montones de documentos clasificados en el edificio, pues se encontró escondida en un hueco de elevador una caja de archivos con las etiquetas «Guerra psicológica: Malasia», «Estrategia de emergencia en la colonia de Kenia» e «Inteligencia y seguridad: Reportes secretos». En un intento por aplacar este mar de histeria y errores, el secretario de Estado para las Colonias, Iain Macleod envió un telegrama en mayo de 1961 a las oficinas en Tanganica, Uganda y Kenia en el que establecía los lineamientos para la selección y destrucción de documentos.

Sin embargo, aquello resultó ser un poco ineficaz, pues el personal de Kenia no estaba haciendo un gran trabajo para disimular el hecho de que estaban «reorganizando el archivo» y no ayudaba el hecho de que hicieran hogueras varias veces a la semana. El periódico británico *The Guardian* reportó en septiembre de 1961: «Fogata de documentos: Kenia quema papeles secretos». Se establecieron instrucciones más estrictas sobre la destrucción de documentos para evitar una exposición mayor, pues la oficina colonial de Trinidad explicó en diciembre de ese mismo año: «No deseamos celebrar el día de la Independencia con un holocausto de documentos CDE [Comité de Defensa en el Extranjero] quemados». En su lugar, optaron por hundirlos poniéndoles peso a las cajas de archivos y arrojándolas al mar, de preferencia durante la noche. Otras oficinas comenzaron el proceso de quemado con meses de antelación para prevenir nubes de humo y ceniza; en Aden estuvieron quemando registros durante más de un año.

DONDE YACEN LOS SECRETOS

Los documentos que se decidió conservar se enviaron a Hanslope Park, una instalación tanto del MI6 como del Ministerio de Relaciones Exteriores y de la Mancomunidad de Naciones en un área tranquila de Buckinghamshire. Se estima que los papeles ocupaban kilómetro y medio de estanterías, con documentos incluso de 1835. Los registros se trasladaron en 2013 y ahora se encuentran en la recién creada área de Archivos Migrados, en los Archivos Nacionales.

Lo que después se conoció como Operación Legado duró hasta bien entrada la década de 1980 manteniendo más o menos el velo de secretismo. En 2013, después de la demanda de 2009, el gobierno británico anunció la desclasificación de aquellos archivos que sobrevivieron y finalmente quedaron disponibles al público 19957 archivos y documentos. Entre estos se encuentran los «certificados de destrucción» enviados por las oficinas coloniales para comprobar la destrucción y detallar lo que había sido eliminado. Sin embargo, varios memorándums internos de la Operación Legado evidencian que las oficinas solicitaron permiso para ignorar este protocolo, lo que significa que nunca sabremos con exactitud todo lo que se perdió. En total, 41 países (de los que tenemos conocimiento) vieron la destrucción masiva de su historia registrada durante la descolonización. Gran Bretaña no pudo reescribir su historia colonial, pero bien que pudo quemarla.

La cortina de humo sobre las hermanas Mirabal

En lo que a dictadores se refiere, Rafael Trujillo era particularmente perverso. Desde que Trujillo se declaró dictador de República Dominicana en agosto de 1930, después de unas elecciones arregladas, manchadas por coerciones y amenazas, el régimen se definió rápidamente por ser una combinación a partes iguales de terror y corrupción. Dos semanas después de su llegada al poder, un huracán arrasó el país, mató a miles y destruyó mucha infraestructura. Trujillo vio esto como una oportunidad para obtener el control de la economía mediante el uso de decretos gubernamentales para confiscar el dinero de los bancos, aislar la industria y declarar estados de emergencia para bajar los sueldos de los trabajadores mientras derivaba fondos a los militares. A medida que sus industrias florecían, Trujillo utilizó sus poderes presidenciales para cerrar negocios rivales y mantener un control absoluto del mercado al establecer precios gubernamentales fijos para todo, desde el arroz hasta el cemento. En cuanto a sus oponentes, Trujillo los manejó con fuerza letal. Se convirtió en algo cotidiano que desaparecieran en medio de la noche quienes habían protestado o cuestionado públicamente el mandato del presidente.

Obtuvo el control total de República Dominicana en unos cuantos años, desde el gobierno hasta la economía y la milicia. Carteles y pancartas proclamaban «¡Viva Trujillo para siempre!» y «¡Gracias a Trujillo por nuestra agua!». El pueblo vivía bajo un régimen totalitario y Trujillo era el Gran Hermano: estaba en todos lados y siempre vigilaba. Creciendo en medio de todo esto, en el pueblo de Ojo de Agua se encontraban las hermanas Mirabal: Patria, Dedé, Minerva y María Teresa. La dictadura era parte de su normalidad, como los quehaceres de la granja o ir a la escuela; quizá no siempre les gustaba, pero estaba siempre presente. Sin embargo, el 13 de octubre de 1949, Trujillo pasaría de ser un observador en las sombras a ser una presencia muy física en las vidas de las Mirabal. El dictador ofrecía una fiesta en su mansión de San Cristóbal, cerca de la casa de las hermanas. Había visto a Minerva en una obra escolar y había decidido que sería su nueva conquista, para ello, le ordenó a la familia Mirabal que asistiera a la fiesta para poder cortejar a la joven. No obstante, ella lo rechazó cuando la sacó a bailar. La negativa tuvo consecuencias severas para las hermanas. Su padre, Enrique, fue arrestado y Minerva y su madre fueron retenidas en un hotel durante dos meses.

Aun después de que la liberaran, Trujillo no soltó el control que tenía sobre Minerva. Ella entró a estudiar leyes en la Universidad de Santo

Domingo; sin embargo, el presidente impidió que siguiera estudiando el segundo año hasta que asistiera a una serie de reuniones con él. Cuando logró graduarse como una de las primeras mujeres abogadas de República Dominicana, el dictador le negó el derecho a practicar la ley. Incapacitada para trabajar, Minerva se casó con su compañero Manuel Aurelio Tavárez Justo (conocido como Manolo) y se estableció junto con sus hermanas en busca de una vida tranquila como esposa y madre. Cuando menos en la superficie.

LA MASACRE DEL PEREJIL

Además de los asesinatos cotidianos del régimen, Trujillo cometía atrocidades a gran escala, entre las que destaca la Masacre del Perejil en 1937 cuando, el 2 de octubre, el dictador ordenó la ejecución de todos los haitianos que vivían en la frontera entre República Dominicana y Haití, lo que provocó la matanza de miles de personas. Se censuró todo el asunto y los que después protestaron en contra de la masacre desaparecieron.

Minerva y Manolo crearon un grupo revolucionario clandestino en enero de 1960, el Movimiento 14 de junio. El nombre surgió de un levantamiento fallido del Movimiento de Liberación Dominicana en 1959, cuando un grupo de dominicanos exiliados intentó derrocar al régimen trujillista. Ahora bien, Minerva y su esposo habían tomado el control y organizaron a los disidentes en células localizadas. Patria y María Teresa se unieron al grupo y pronto las hermanas se reunían alrededor de la mesa de la cocina para hacer bombas y planear cómo derrocar al dictador.

Las fuerzas de Trujillo intervinieron a los pocos días del establecimiento formal del grupo. El 20 de enero María Teresa fue arrestada y luego liberada, y después vuelta a arrestar, en esta ocasión junto con Minerva. Primero las detuvieron en la tristemente célebre prisión «especial» de Trujillo, La 42, en la que la tortura y la brutalidad se habían vuelto algo sistemático. Comenzó un juego del gato y el ratón. Arrestaban y liberaban a María Teresa y a Minerva, y luego otra vez; en cuanto a los otros miembros del movimiento; Trujillo iba cercándolos, los capturaba, torturaba y mataba.

El Movimiento 14 de junio surgió en un muy mal momento para el presidente. Estaba creciendo la oposición internacional a su gobierno y a finales de enero, la Iglesia católica denunció al régimen en respuesta a las tácticas inhumanas de Trujillo en contra del movimiento. No obstante, sin importar cuántos arrestos se hicieran, la resistencia clandestina seguía adelante. Luego vino otro golpe, cuando el presidente de Venezuela, Rómulo Betancourt, condenó al régimen. Trujillo orquestó un intento de asesinato en junio en contra de Betancourt como represalia, pero falló y Venezuela llevó la queja ante la Organización de Estados Americanos (OEA). República Dominicana fue sancionada y Estados Unidos retiró el apoyo al régimen de Trujillo. El presidente pendía de un hilo y podría perderlo todo si seguía adelante el Movimiento 14 de junio. Trujillo creyó que la respuesta estaba en las hermanas Mirabal, los rostros maternales del movimiento; si se deshacía de ellas, el movimiento colapsaría desde adentro.

Se elaboró un plan. Los esposos de María Teresa y Minerva seguían encarcelados y el 25 de noviembre se les reservó una visita a ellas junto con su hermana Patria. En el camino de las hermanas hacia la prisión había un tramo de carretera famoso por el alto número de accidentes que ocurrían, y entonces se arregló que las interceptaran ahí. Cuando las hermanas iban de regreso a casa, las detuvieron y las obligaron a subir a un coche sin identificación mientras que el conductor, Rufino de la Cruz se quedó en el Jeep. Las hermanas fueron conducidas hasta un alejado campo de caña, donde las golpearon y estrangularon. También asesinaron a Rufino; volvieron a subir al Jeep los cuerpos ensangrentados de las mujeres para después sacarlo del camino montañoso; un trágico accidente automovilístico. Al día siguiente se hicieron públicos los reportes de las muertes de María Teresa, Patria y Rufino, pero Trujillo se negó a nombrar a Minerva.

Sin embargo, el encubrimiento se realizó muy mal, ya que las hermanas fueron secuestradas frente a testigos civiles. A pesar de la censura de Trujillo, el pueblo dominicano supo lo que había detrás de su historia y entendió que los rostros de la resistencia habían sido asesinados a sangre fría. Esta fue la gota que derramó el vaso; una parte angular del régimen de Trujillo era la domesticación de las mujeres, enmarcarlas como figuras maternales que eran un objeto de propiedad y debían ser cuidadas. Aunque torturaba y asesinaba mujeres de la oposición, eso, junto con sus abusos sexuales era censurado. Sin embargo, las muertes de las hermanas Mirabal no pudieron ocultarse. El presidente había matado a tres mujeres (tres esposas y madres), socavando él mismo sus propias políticas. No deshizo a la resistencia con el asesinato de las Mirabal, solo logró hacerla más fuerte. La disidencia en contra del dictador creció exponencialmente durante los siguientes meses hasta que finalmente, el 30 de mayo de 1961, le tendieron una emboscada al coche que transportaba a Trujillo y lo mataron a balazos.

Los años siguientes serían de un distanciamiento doloroso de la dictadura mientras el pueblo dominicano se recuperaba lentamente. Los asesinos de las hermanas Mirabal fueron llevados a juicio en 1962; este sería el único juicio relativo a las violaciones de derechos humanos cometidas durante el régimen de Trujillo. Podía haberse ido el dictador, pero no así el miedo a su alrededor y un velo de silencio cubrió al país. Sin embargo, una hermana sobrevivió, Dedé, la de en medio. Ella no se había involucrado en el movimiento, más bien se había dedicado a cuidar de la familia y la granja. Después de las muertes de sus hermanas, no solo cuidó de sus hijos, sino que retomó la lucha que ellas ya no podían continuar. Dedé utilizó el conocimiento público de la muerte de sus hermanas para ayudar a superar el miedo del país a la censura; usó su historia para abrir el diálogo sobre las atrocidades cometidas bajo el régimen de Trujillo. Dedé trabajó sin descanso hasta su muerte en 2014 para crear la democracia en República Dominicana y preservar la historia de aquellos que cayeron en el nombre de la libertad.

El legado de mentiras en My Lai

El 24 de abril de 1968, el Ejército de Estados Unidos finalizó una investigación interna sobre un ataque que había tenido lugar principalmente en el pequeño poblado My Lai, al sur de Vietnam, uno de cuatro poblados que componían la villa de Son My. Un mes antes, el 16 de marzo, habían enviado a la Compañía Charlie (Primer Batallón, 20.º Regimiento de Infantería, 11.ª Brigada, 23.ª División de Infantería) para derrocar al 48.º Batallón de Fuerzas Locales del Viet Cong, uno de los brazos más letales del Viet Cong, que se escondía en My Lai. La investigación del ejército encontró que veinte civiles habían muerto en la operación de búsqueda y aniquilación;* sin embargo, la cantidad de muertes del Viet Cong superaba con creces ese número: la operación fue un éxito arrollador. Pero, en las barracas y campos del ejército se contaba una versión de los hechos mucho más perturbadora.

*El nombre en inglés de esta estrategia militar era *Search and destroy*, 'búsqueda y destrucción' *(n. del e.)*.

En la mañana del 16 de marzo de 1968, la Compañía Charlie flanqueó My Lai. Liderados por el capitán Ernest Medina en el terreno, y con aviones de combate en el aire, los hombres esperaban una pelea. Poco antes de las 7:30 a. m., lanzaron un ataque de artillería sobre el poblado para sacar a los Viet Cong. Sin embargo, My Lai permaneció en silencio. El oficial técnico Hugh Thompson Jr. reportó por radio durante un vuelo de reconocimiento que los Viet Cong estaban huyendo del poblado; los campos y bosques alrededor de My Lai estaban llenos de Viet Cong, pero el poblado se encontraba vacío. Y lo que encontraron los soldados al entrar fueron civiles, mayormente ancianos, mujeres y niños desayunando y en sus quehaceres cotidianos. Pero la compañía no trasladó sus esfuerzos al área circundante; en cambio, se les ordenó que siguieran adelante con el plan inicial: buscar y aniquilar.

¿POR QUÉ PELEAS?

La guerra de Vietnam comenzó como un conflicto entre la comunista Corea del Norte y Corea del Sur, junto con su aliado, Estados Unidos y duraría desde 1955 hasta 1975. El Viet Cong, una fuerza vietnamita del sur, aliada de Corea del Norte, utilizó cada vez con mayor frecuencia tácticas de guerra de guerrillas.

Derrumbaron las casas con las familias dentro de ellas. Los oficiales ordenaron que se reuniera a los pobladores, los echaran en zanjas y los mataran. Un soldado se disparó en el pie para poder retirarse de lo que rápidamente se estaba convirtiendo en una masacre; sin embargo, la mayoría se limitó a seguir las órdenes que habían recibido. A las 8:30 a. m., unidades de helicópteros confundidas comenzaron a transmitir por radio los avistamientos de lo que parecían ser pilas de cuerpos de civiles esparcidas en las carreteras hacia My Lai. No se hizo nada. Luego, justo antes de las 10:30 a. m., el oficial técnico Thompson vio al capitán Medina seguir a una mujer herida a un campo y dispararle dos veces a quemarropa. Thompson ordenó por radio que detuvieran la matanza antes de aterrizar e intentar intervenir en el terreno. Ahí confrontó al teniente William Calley Jr., quien supervisaba la ejecución de decenas de personas. Calley alegó estar «siguiendo órdenes». Al no poder detener la matanza, Thompson ordenó a su unidad que comenzara a evacuar a toda la gente posible. La masacre terminó a las 11 a. m., cuando el capitán Medina ordenó que descansaran para almorzar. Mientras los soldados sacaban su comida en medio de las ruinas humeantes de My Lai, Thompson ya había regresado a la base para hacer un reporte oficial sobre la masacre que acababa de ocurrir. En lugar de enviar otra unidad para que verificara las declaraciones de Thompson, se le pidió al capitán Medina que informara sobre las bajas civiles, y este mintió, pues dijo que solo habían sido entre veinte y veintiocho los muertos.

El 18 de marzo, Medina instruyó a los soldados de la Compañía Charlie que no revelaran lo que había pasado. Una vez más, Thompson ignoró la orden y siguió adelante con su reporte, solo que en esta ocasión también estaban los reportes de las autoridades vietnamitas locales, y en uno de ellos se afirmaba que habían muerto cuando menos cuatrocientos civiles. El ejército aceptó investigar a regañadientes, pero decidió apenas usar los reportes de Thompson y de los vietnamitas. De hecho, varios reportes vietnamitas que habían estado en posesión del Ejército de Estados Unidos incluso hasta el 11 de abril, se perdieron de forma misteriosa para cuando se cerró la investigación, el 24 de ese mes. Curiosamente, muchos de los reportes del mismo ejército que respaldaban sus conclusiones sobre el éxito en My Lai se «perderían» en los meses siguientes.

Esta acción de encubrimiento debería haber sido el fin del asunto. Aunque los soldados de la Compañía Charlie seguían contando a otros soldados sobre la masacre, dichos relatos nunca llegaron más allá del comedor del ejército. Así fue hasta que llegó Ronald Ridenhour. Miembro de la 11.ª Brigada de Infantería, había entrenado con la Compañía Charlie y fue a través de esas amistades que se enteró de lo que había pasado en My Lai. No les creyó en un principio, y pensó que la historia era el equivalente a los relatos alrededor de la fogata en un campamento (adaptados a tiempos de guerra), un cuento que buscaba sorprender, pero nada más. Aun así, por algún motivo no se podía quitar de la cabeza lo que había escuchado y en los meses siguientes empezó a preguntar. Poco a poco, durante el curso de un año, Ridenhour recopiló muchas evidencias que revelaban lo que había pasado realmente en My Lai y, el 29 de marzo de 1968, lo puso todo en una carta que mandó al Congreso, al Departamento de Defensa y al presidente Nixon. La carta fue ignorada por casi todos, salvo un destinatario, su propio congresista, Morris K. Udall, quien la reenvió al Ejército de Estados Unidos y exigió que se llevara a cabo una nueva investigación.

Esta nueva investigación se inició a finales de abril de 1969 y en esta ocasión se agregaron las evidencias y los testimonios de la Compañía Charlie, incluyendo los de soldados conocidos por haber participado de forma activa en los asesinatos, a quienes se les ofreció clemencia a cambio de sus testimonios. Para septiembre ya se habían reunido suficientes pruebas para acusar a Calley de homicidio premeditado y varios casos similares comenzaron a armarse en contra de otros miembros clave de la compañía. Aun así, la milicia estadounidense estaba decidida a intentar mantener en secreto lo ocurrido en My Lai. Sin embargo, la estrategia sería arruinada el 13 de noviembre de 1969, cuando el periodista independiente Seymour M. Hersh publicó un artículo explosivo en el que expuso los cargos por asesinato de Calley. Inmediatamente después publicó otros dos artículos que contenían entrevistas contundentes a soldados de la Compañía Charlie en las que detallaban las atrocidades que habían ocurrido en My Lai. Adicionalmente a estas revelaciones, el sargento Ronald Haeberle, quien había formado parte de la operación, vendió fotografías a color que había tomado en secreto durante la masacre a la revista *Life*. El 5 de diciembre, los puestos de periódicos en todo Estados Unidos exhibían las fotos de Haeberle, entre las que había imágenes devastadoras de bebés y niños pequeños asesinados. La verdad había salido a la luz y ninguna cortina de humo podría volver a ocultarla.

Se inició una investigación detallada que otorgó credibilidad oficial a las atrocidades que habían tenido lugar. La investigación Peers de 1970, encontró que en «todos los niveles de mando desde la compañía hasta la división, se tomaron u omitieron acciones que, en conjunto, ocultaron efectivamente los eventos ocurridos a las instancias superiores». No obstante, solo se encontró culpable de homicidio a un miembro de la compañía: Calley. De los otros 26 que fueron acusados, todos, incluso el capitán Medina, fueron absueltos o se les retiraron los cargos. Calley fue sentenciado a cadena perpetua el 29 de marzo de 1971, pero fue puesto en libertad en 1974. Después de la investigación y los juicios, el Pentágono organizó el Grupo de Trabajo sobre Crímenes de Guerra en Vietnam como una fuerza de tareas para investigar otros crímenes militares potenciales. El periodista e historiador Nick Ture descubrió en 2003, al leer los documentos ya desclasificados, que el grupo sí había corroborado varios casos de crímenes de guerra, incluyendo otras siete masacres; sin embargo, todavía había otros quinientos presuntos crímenes de guerra que seguían sin confirmar, principalmente debido a la falta de investigación.

¿Y qué pasó con My Lai? No existe un acuerdo internacional sobre el número de personas que murieron ese día; sin embargo, la cantidad más probable de muertes es la proporcionada por los sobrevivientes: 504. Sus nombres están inscritos en una placa dorada en My Lai, que en su mayor parte se ha convertido tanto en un museo como en un memorial.

El desastre de Chernóbil

Durante la noche del 25 al 26 de abril de 1986, la planta nuclear de Chernóbil, Ucrania, sufrió una explosión en la cuarta unidad. Este fue el último de una larga lista de accidentes en las plantas nucleares de la Unión Soviética, pero sería el más devastador; la explosión tuvo ramificaciones catastróficas que se espera duren miles de años.

Los días previos y posteriores de Chernóbil estuvieron llenos de mentiras y omisiones. En el momento del desastre, la Unión Soviética era uno de los líderes mundiales en la producción de energía nuclear y se había comprometido a construir su futuro sobre esa energía. A pesar de esto, tenía uno de los sistemas de regulación de seguridad más pobres dentro del sector. Era de vital importancia recortar los costos. La periodista ucraniana Lyubov Kovalevskaya fue reportera y editora del diario local de Chernóbil y recordaba que durante la construcción de la planta siempre hubo problemas de falta de personal, materiales incompatibles y escasez de equipo, lo que dio inicio a un proceso de construcción y seguridad de baja calidad: «Los problemas del primer bloque de energía se pasaron al segundo, del segundo al tercero y así». Se hicieron recortes incluso en el diseño del reactor de canal de alta potencia de la planta (RBMK), lo que provocó que los accidentes no solo fueran probables, sino inevitables. Pero aquello era apenas una parte de la estructura nuclear de la Unión Soviética; habría accidentes, sí, pero las negligencias de diseño deberían generar percances relativamente menores. Tal vez todo estaría bien. Esta no es una postura que se asocie comúnmente a la infraestructura nuclear, pero el plan de la Unión Soviética de ignorar y esperar lo mejor funcionó en gran medida. Habían ocurrido varios accidentes antes de 1986, incluso uno en 1975 en la planta nuclear de Leningrado y otro en 1982 en Chernóbil; ambos habían tenido como resultado una fuga de radiación por toda la planta y el entorno cercano, pero los reactores se repararon y pronto se pusieron nuevamente en funcionamiento. Un mes antes del desastroso accidente en Chernóbil, Kovalevskaya publicó un artículo en el que revelaba los numerosos temas de seguridad que se estaban ocultando en la planta, pero su artículo con el irónico título *Un asunto no tan privado* sería ignorado y considerado repleto de mentiras por los funcionarios de la planta nuclear.

La energía nuclear era equivalente al éxito de la URSS. Cuando cayó la cortina de hierro, la Unión Soviética se apresuró a difundir propaganda en la que explicaba cómo sobrevivirían sus ciudadanos si hubiera un ataque nuclear durante la Guerra Fría. Para mantener el poder, necesitaban demostrarle al pueblo y a todo el mundo que tenían control sobre armas y tecnología nuclear, y por tanto, era mejor ocultar cualquier accidente que admitirlo. Esta política quedó demostrada en 1957, cuando la Unión Soviética corría para alcanzar a Estados Unidos en la investigación y producción de armas nucleares. En septiembre de ese año hubo un accidente en un sitio ultrasecreto de producción de plutonio en Mayak. Al igual que Chernóbil, este lugar se construyó rápido y con materiales baratos, se omitieron las regulaciones de seguridad y, por tanto, los desperdicios nucleares no se desechaban adecuadamente; lo anterior condujo a una explosión química en septiembre de 1957 que liberó cantidades enormes de radioactividad a la atmósfera y expuso a cerca de 500 000 personas a altos niveles de radiación. Pero el gobierno soviético decidió no hacer público el accidente, pospuso las evacuaciones una semana e incluso, cuando se llevaron a cabo, solo evacuaron a 11 000 personas, a quienes dieron explicaciones falsas sobre el motivo. Se renombró la explosión como un lanzamiento experimental a gran escala: no había peligro. Pero claro que lo había; los niveles de radiación extrema ocasionaron un sinnúmero de problemas de salud, en particular cáncer.

EL COSTO DE LA CARRERA ESPACIAL

Un motivo de peso para el secretismo alrededor del desastre en Mayak fue que ocurrió justo días antes de que la Unión Soviética lanzara el Sputnik 1, el 4 de octubre de 1957. Este sería el primer satélite artificial de la Tierra y un golpe monumental para Estados Unidos en la carrera espacial. Admitir un accidente nuclear catastrófico no tenía lugar en la propaganda y por tanto se encubrió.

A pesar de la alta tasa de mortandad durante las décadas siguientes, el desastre de Mayak fue tan bien encubierto que se hizo de conocimiento público solo hasta que cayó la URSS en 1991. Entonces tenía sentido que en la década de 1970, cuando la defensa civil soviética comenzó a elaborar planes para las consecuencias de un accidente nuclear mayor, tomaran en cuenta las lecciones que les había dejado Mayak. La salud pública no era prioridad, pero sí proteger la reputación de la Unión Soviética; es decir, mentir y encubrir. La Unión Soviética no reconoció ningún accidente nuclear mayor antes de la explosión de Chernóbil, a pesar de que hubo varios. Se esperaba que pasara lo mismo con Chernóbil. De hecho, no fue la Unión Soviética quien informó primero a los países vecinos de los altos niveles de radiación emitidos en su dirección en las primeras horas del 26 de abril de 1986, sino el equipo de la planta de energía sueca Forsmark, quienes se dieron cuenta el 28 de abril, dos días después de ocurrido el desastre. Un sensor detectó niveles alarmantes de radiación en los zapatos de un trabajador de Forsmark y comenzaron a investigar. Después de descubrir que la fuga no provenía de su planta, se analizó el pasto por el que el trabajador acababa de caminar y se encontraron partículas radiactivas específicas de las plantas soviéticas. Acorralada, la URSS tuvo que admitir el desastre.

Mientras el mundo se despertaba con la noticia de Chernóbil, muchos de los habitantes seguían dentro del área saturada de radiación. La ciudad de Prípiat comenzó a evacuar a sus ciudadanos en la tarde del 27 de abril, aunque no se le informó a nadie por qué ni se le dio ningún consejo sobre cómo protegerse de la radiación. La razón fue, una vez más, el secretismo. Las discusiones sobre las evacuaciones comenzaron casi en cuanto ocurrió el desastre; en una reunión a las 6 a. m. del 26 de abril, funcionarios tanto de la planta como del gobierno deliberaron la urgencia, en el entendido de que los bomberos en el sitio ya estaban muriendo por la radiación, tan solo horas después de entrar en contacto con las instalaciones. Aunque miembros de la Defensa Civil y el Ministerio de Asuntos Internos presionaban por una evacuación inmediata, la necesidad del velo de secretismo que había consolidado la Unión Soviética en la mente de los funcionarios ganó. Prípiat se evacuó a regañadientes, pero los habitantes de poblados y ciudades más pequeños dentro del distrito de Chernóbil permanecieron ignorantes del peligro en el que se encontraban. En los días siguientes, consciente de que más gente moriría si no hacían nada, el oficial a cargo siguió presionando para que se hiciera algo, pero alertar a los ciudadanos cercanos de una evacuación por medio de una transmisión por radio solo conseguiría desmentir el encubrimiento que ya se encontraba en marcha. Por fortuna, el 29 de abril, la prensa internacional comenzó a informar a toda prisa sobre el desastre; la URSS necesitaba cuando menos actuar como si hubieran estado haciendo algo más que cruzar los dedos con la esperanza de que todo desapareciera.

En los días siguientes, lenta, pero consistentemente, se llevaron a cabo más evacuaciones. Aun así, la Unión Soviética no admitía el alcance real de la explosión, por tanto, todos los intentos por sacar a la gente de las zonas de peligro se veían entorpecidos por la burocracia gubernamental. Esto se combinó con el fracaso de la distribución adecuada de yoduro de potasio entre los afectados, ya que, aunque la URSS contaba con reservas, entregarlas significaría que la prensa internacional tenía razón y que la Unión Soviética había visto, sin hacer nada, cómo se desarrollaba un accidente nuclear que se podía haber evitado. Entonces se dejó a muchos sin tratamiento y, como resultado, desarrollaron exposición interna a la radiación. Aunque el gobierno no fue capaz de ocultar por completo el alcance del daño como había hecho en Mayak, una vez más consideró que la salud de su pueblo era secundaria con relación a la reputación del sistema.

En los días y semanas que siguieron a la revelación internacional de la explosión, la Unión Soviética difundió su propia nube de mentiras en un intento de suavizar el daño real. Aunque periodistas como Lyubov Kovalevskaya arriesgaban la vida al entrar en las zonas de radiación, sus esfuerzos por revelar la verdad fueron obstaculizados por agentes de la KGB. De hecho, fue hasta que la URSS cayó que se conoció el verdadero alcance de los estragos de Chernóbil y se descubrió la cantidad de mentiras que se difundieron para cubrirlo. Nunca sabremos con exactitud cuántas muertes habrá ocasionado Chernóbil, pero de acuerdo con el Instituto de Investigación Clínica de Medicina de la Radiación y Endocrinología en Minsk, Bielorrusia, hubo un repunte del 40 % en los diagnósticos de cáncer entre 1990 y 2000. En cuanto al daño al medioambiente, es probable que las áreas circundantes a Chernóbil no sean habitables durante otros veinte mil años.

Epílogo

Mucho de lo que sabemos de la historia se basa en mentiras y omisiones. Como los burócratas incompetentes de la Operación Legado, con frecuencia escogemos los momentos que consideramos dignos de recordar sin pensarlo demasiado. Queremos un buen relato, un héroe y un villano para sentirnos bien con nosotros mismos y nuestro país. No nos gusta que nos hagan muchas preguntas, ni mortificarnos por los aspectos impensables de nuestro pasado. Es entendible; después de todo, como hemos visto, así es como ha funcionado el consumo de la historia durante siglos. De hecho, es el destino que tuvieron muchos de los momentos relatados en este libro. Pero eso no significa que sea saludable y ciertamente no es sostenible.

Después de la Segunda Guerra Mundial, hubo un repentino incremento en el estudio académico de la memoria, en particular en cómo entendemos y recordamos las atrocidades. A partir de esto, aprendimos y seguimos aprendiendo mucho, por ejemplo, de la importancia de los memoriales públicos, los museos y de la interrelación de la educación en la preservación y comprensión de estos momentos en la historia. Existe otra lección que en retrospectiva es bastante obvia: siempre será perjudicial ignorar, negar o rechazar esos momentos. Esto crea en lo inmediato una división entre países y personas. Distanciamientos políticos y psicológicos de los que es difícil recuperarse. Mientras más se prolonga, más grande es el distanciamiento, y con frecuencia se transforma en teorías conspirativas y más mentiras que difunden mucha desinformación en el ya de por sí pantanoso mundo del entendimiento histórico.

Aunque en la escuela nos enseñan que la historia debe ser imparcial, inevitablemente no lo es. Pero eso no significa que nosotros, como lectores de historia debamos ser parciales. A nadie le gusta no conocer todo el cuento; no compras una novela y le arrancas la parte del centro, entonces ¿por qué hacer lo mismo con la historia? Espero que termines este libro con ganas de saber más; sé que disfrutarás encontrar las respuestas.

Agradecimientos

Gracias a mi maravilloso esposo Simon, ¡este libro no habría sido posible sin tu apoyo constante y tus tazas de café! A mi mamá y mi hermana Becky, así como a mi hermoso sobrino Harrison, quien llena todos los días de risas y amor. Un enorme agradecimiento a mi agente Donald Winchester por arriesgarse y al equipo completo de Michael O'Mara Books, en particular a Louise Dixon y Gabriella Nemeth por su experiencia y paciencia.

Bibliografía selecta

Bergin, Joseph, Broedel, Hans, Roberts, Penny, Naphy, William G., *The 'Malleus Maleficarum' and the Construction of Witchcraft: Theology and Popular Belief*, Manchester University Press, 2004.

Brand, Charles M., *Byzantium Confronts the West, 1180-1204*, Harvard University Press, 1964.

Cobain, Ian, *The History Thieves: Secrets, Lies and the Shaping of a Modern Nation*, Portobello Books, 2016.

Dalrymple, William, *The Anarchy: The Relentless Rise of the East India Company*, Bloomsbury Publishing, 2020.

Dwyer, Philip, Ryan, Lyndall, *Theatres of Violence: Massacre, Mass Killing and Atrocity Throughout History*, Berghahn Books, 2012.

Harvey, Karen, *The Imposteress Rabbit Breeder: Mary Toft and Eighteenth-Century England*, OUP Oxford, 2020.

Hayashi, Brian Masaru, *Democratizing the Enemy: The Japanese American Internment*, Princeton University Press, 2008.

Hunt, Lynn, *Eroticism and the Body Politic*, Johns Hopkins University Press, 1991.

Restall, Matthew, *Seven Myths of the Spanish Conquest*, Oxford University Press, 2004.

Smith, Mark B., *The Russia Anxiety: And How History Can Resolve It*, Allen Lane, 2019.

Sodaro, Amy, *Exhibiting Atrocity: Memorial Museums and the Politics of Past Violence*, Knowledge Unlatched, 2017.

Teter, Magda, *Blood Libel: On the Trail of an Antisemitic Myth*, Harvard University Press, 2020.

Townsend, Camilla, *Fifth Sun: A New History of the Aztecs*, Oxford University Press, 2019.